壹心理
壹心理联合出品

总会变好的

如何靠自己摆脱社交恐惧

OVERCOME
SOCIAL PHOBIA

中国法制出版社
CHINA LEGAL PUBLISHING HOUSE

自信社交，是我们每个人的需求

我是一名专业的心理咨询师，也是医院的一名心理科医生。从1997年起，我从事心理咨询工作已有20个年头，这期间帮助了很多人走出不敢社交的阴影。

工作中，我看到太多人因为社交而感到痛苦，深受社交恐惧的困扰。我常常吃惊地发现，原来他们有很丰富多彩的想法，是非常有趣的人，他们在有些场合还是很健谈的，只是害怕另一些场合。而在经过系统训练之后，他们可以克服这种困扰。这也是为什么我希望能帮助更多有社交恐惧的朋友。

我一直觉得社交恐惧是一个被严重低估的问题。首先，这表现在它对生活的影响上。它不像抑郁症、情绪障碍那样一看就很严重，所以常常得不到足够的重视。但其实，它带来的痛苦也是实实在在的。比如，没办法与同事一起顺畅地工作，没办法在领导面前自信地汇报成绩，不敢主动接近感兴趣的人，不敢在争论中维护自己的权益，等等。他们每天都要额外花费很多精力在人际沟通上，看着别人轻而易举就能得到更多的认可，他们心里也感到很失落。

其次，社交恐惧者的行为常常不被人理解。当你拼命想要躲开一次发言时，身边的人可能会说："这有什么好紧张的？"或者不痛不痒地给你打气："加油，放轻松。"好像这样你就能轻松发言。但他们的回应反而让你更加觉得自己很差劲，从而使你更加紧张。

社交恐惧其实包括两个部分，一是焦虑，二是回避。有些人平常表现得还可以，但其实是一直强撑着自己，他们更容易被身边的人误解。你可能听到过这样的话，比如："你还会害羞？""你可以的，不要太谦虚了。"被这样对待，社交恐惧者常常会感到非常孤独。

最后，社交恐惧很容易变成恶性循环。我遇到过很多人，他们逼迫自己去战胜内心的恐惧，好不容易取得一点进步，但偶尔一次不顺利就让他们泄气，很长时间也难有质的突破。他们最大的困扰就是，知道自己要怎么做，但就是做不到。这时候，再多的教导都是没有用的，反而让他们更气馁、更自责。这种心态还会引发连锁反应，让他们变得越来越不自信，或者如果因此吃了亏，就变得脾气暴躁，喜欢抱怨。

想要解决社交恐惧的问题，你需要看到它更深层的原因是什么。可能是你内心自卑，不能接纳自己。可能是你太完美主义，很容易否定自己。也可能是生理原因。所以你需要做的是，从身体和心理多个角度去改变，并且和一群伙伴一起行动起来。

在克服自己的问题上，大家通常会进入两个误区。第一个误区是，因为害怕社交，于是选择回避，可能还会找借口给自己开脱，比如"我性格太内向了"。也许你觉得不见人就不难受了，但其实逃避反而会强化恐惧。你会发现你越回避社交就会越害怕社交，最终只会更痛苦。这也是为什么心理学上会采用暴露疗法，强制来访者进入让他感到害怕的情境中，不要只想着躲起来。

第二个误区是，挖空心思去想怎么克服恐惧，想“我不能害怕，我不能紧张”。但这样常常没用，因为你把注意力集中在了自己的害怕和紧张上，反而忽略了该去注意的内容。这就好比当你受了伤，如果你非常关注伤口，常常会感到更疼。当你一直关注自己的焦虑，常常会放大这种感觉，因为焦虑而更加焦虑。所以，你对待社交恐惧的态度非常关键。

有一个让我印象很深的来访者，他偶然在一次社交中开始感到紧张，后来就越来越严重。从不敢和陌生人讲话，发展到只要公开讲话就感到紧张，遇到异性时情况更明显。他不想让别人看出自己的紧张，所以拼命控制自己，可越想控制却越控制不住。

这个来访者其实犯了很多人都会犯的错误，就是和自己的紧张、焦虑对抗。所以我先帮他接纳自己的状态，抛开心里那些主观的评判，比如“我就是不善于社交”或“我很可能会出洋相”。只要他对害怕和紧张不那么讨厌，就可以减少逃避，真正付出行动。当然，不同的人，恐惧的情形差别很大，这需要有针对性地采取不同的对策。

社交恐惧的问题常常不是靠个人的力量就能顺利解决的，它需要专业的指导。所以我希望可以通过这本书帮到更多的人。

本书分为四大部分，通过循序渐进的步骤，帮助你一步步战胜社交恐惧。

第一部分，重新认识社交恐惧。这里，先解答大家的常见困惑，比如，你是否有社交恐惧？它的具体表现是什么？社交恐惧都有哪些常见类型？社交恐惧与内向、自卑是什么关系？怎么判断严重程度？以此帮助你进一步了解自己。然后带领你深入认识自己社交恐惧的原因，并开始初步的自我疗愈。

第二部分，战胜内心的恐惧感。我将从情绪和认知两个角度，带你深入觉察你的恐惧背后隐藏着什么，然后一个个攻克，从根源上调节你的焦虑不安。

第三部分，勇敢应对社交情境。我将会引导你确立个性化的训练目标和计划，然后针对三大典型症状和八大典型情境开启具体的行为训练。在这个过程中，我会带领你实际运用第二部分讲到的方法，并且再补充一些社交技能知识。

第四部分，持续提升社交自信。战胜社交恐惧是一个长期的工作，你很可能会在这个过程中遇到反复和平原期，导致前功尽弃。因此，我会教你怎么突破瓶颈，让你在以后的生活里引导自己持续前进。

如果你也害怕社交、回避社交，希望你可以跟着本书去实际操练，尝试突破自我。如果你身边的亲友对社交缺乏自信，也欢迎你把本书推荐给他们。

最后，衷心希望我们每个人都拥有更自信的人际关系。

施承孙

2020 年春于杭州

目录

PART I

第一部分

重新认识社交恐惧

LESSON 1 第一课

初步评估：你有社交恐惧吗？

－本节课你将掌握－

一、社交恐惧的常见表现和类型

二、对于社交恐惧的四个认识误区

三、社交恐惧的判断标准及自测工具

想要摆脱社交恐惧，首先你要对自己的情况有一个清晰的认识。你究竟有没有社交恐惧？你的社交恐惧严重吗？你属于哪种类型的社交恐惧？你有没有相关的认识误区？这节课我们先来澄清这些问题。

你可以看看下面这个案例里有没有自己的影子。

这个案例的主人是一个大四的男同学，学习很优秀。临近毕业找工作时，很快就有一家公司通知他面试。他很希望能给对方留下好印象，却没想到在面试时他非常紧张，不仅说话条理不清晰，而且结结巴巴，更不敢正视面试的人。面试结束时，他感觉自己糟透了，完全没能展示出自己的才能，结果他也确实失去了这次机会。

不知道你有没有类似的经历，**其实，我们每个人在社交中多多少少都会感到紧张焦虑，只是程度不同，害怕的社交场合不同而已。**有的人不敢和陌生人说话，有的人和异性或权威打交道时会感到紧张，有的人害怕和别人起争执，还有很多朋友跟一两个人交谈能应付，但如果面对的人很多就会不自在，等等。这些情况往往会影响人们正常的生活，给人们带来很多痛苦。

我们常把这些情况称作社交焦虑或社交恐惧。很多人认为好像社交恐惧的程度更重一些，但其实我们不会对此做刻意的区分，这里就用社交恐惧代称所有这些对人际交往感到担心、焦虑和恐惧的情况。如果你更喜欢用社交焦虑来代表自己的情况，也可以切换用词。

那么，社交恐惧都有哪些表现和类型呢？

首先，社交恐惧最强烈的感受就是情绪上的焦虑不安和紧张恐惧。不过，不同的人会有不同的表现。

有些人会表现为眼神接触不自然，害怕与别人对视，总担心自己会做出丢脸的言谈举止，这里称为“**对视恐惧**”。有一个叫玲玲的女孩，就是这种情况，她在读高中的时候，有一天在路上遇到老师，她有点紧张就没抬头和老师说话。旁边一个同学看到了，对她说：

“你不和老师说话，老师一直用眼睛看你呢。”从那之后，玲玲就不敢看那位老师的眼睛。后来问题越来越严重，就连别的老师的眼睛她也不敢看，进而扩展到普通人的眼睛也不敢看。偶尔和别人的目光撞上了，她就会特别紧张，并且认为自己的表情肯定很尴尬，会引起别人的耻笑。所以，在骑车或走路时，她总是低着头。如果你也经常习惯性低头，问问自己是不是也在避免和别人打交道呢?

有时候，即便不和人交谈，只是在别人面前做事，同样会引发有些人的焦虑感。他们觉得好像总有眼睛在关注自己似的，这让自己不能放松下来。最常见的就是害怕当众发言或表演，比如在公司会议上做报告，在聚会上被推出来表演节目，等等。当发言或表演越重要时，他们的害怕就越明显，但是在一两个人面前说话却不会引发他们的害怕。这种情况我们称为“**演讲恐惧**”。

还有一些比较少见的情况，比如害怕当众吃饭，害怕在公共厕所里方便，害怕在公共场所呕吐，害怕当着别人的面写字，等等。很多人称自己为宅男宅女，其实他们中有一些人是因为在人多的场合里不自在，才选择逃避，宅在家里。

其次，除了强烈的情绪感受，社交恐惧有时候还会伴有身体上的不舒服。

比如，有些人一见人就脸红，因此惴惴不安，害怕自己脸红，这被称为“**赤面恐惧**”。我曾经咨询过一个来访者，他的父母很严厉，从小就限制他和别的孩子玩，最开始是因为不想让他把衣服弄脏，上学后是因为怕他“学坏”。到了高中，他开始感到不太自在，不管是家里来客人，还是找陌生人问路，或者遇到老师和异性同学，他都感觉很紧张，心慌脸红，严重的时候说话结结巴巴，直冒冷汗。为了不让别人看到他的困窘，他越来越回避和别人交谈。而且，他越想改掉见人就脸红的问题，问题反而越严重，这让他很烦恼。

事实上，这可能只是他主观感觉自己脸部潮热，并没有真的脸红。但因为他内心紧张，所以坚信自己脸红了，而且认为周围的人正在注意他，于是更加局促不安、浑身不自在。

最后，社交恐惧还有一点很折磨人，就是会产生各种各样的负面认知。

有些人在社交时特别在意别人怎么看自己，总是忍不住想："我的表情自然吗，行为得体吗？"而且常常对自己感到不满意，评价过低，认为"对方肯定不喜欢我说的话"或"他很可能觉得和我聊天挺没意思的"。结果感觉自己疲于应付，完全没有社交的乐趣。

当他们和很在意的人交谈时，这种负面认知可能更明显，比如最常见的情况是在面对**权威或异性时**。他们在交谈前生怕自己说错话、做错事，在交谈中忍不住一直自我反省，是不是表现得不够好，如果有一些小插曲出现，就会立刻自责，觉得都是自己的错。一次交谈下来，内心演了一出很长的独角戏。

如果你也有这样的负面认知，肯定能深深体会这种苦恼。这些负面认知不是你主动去想的，而是自动化出现的，像一只只蜜蜂一样不断发出声音干扰你，容不得你忽视，也不受你控制。你要在交谈之际，分出精力去关照它们，没办法不紧张。

此外，有两种比较严重的情况需要特别说明。一种情况是**广泛社交恐惧症**，有这种问题的人害怕所有社交场合，不愿意出门，不敢和任何人交往，甚至长期脱离社会生活，无法工作。另一种情况是极度紧张时的**惊恐发作**，就是说当事人快要晕过去，或者有失去控制的感觉。如果你有这两种情况，建议你到心理医院去就诊。

以上这些就是社交恐惧最常见的表现和类型，当然还有其他一些表现和类型，我在这里就不一一介绍了。

遗憾的是，大家对社交恐惧普遍不够重视，相关的教育和媒体宣传也不多。我在临床中发现，大家很容易产生这样四个认识误区。

第一个误区是把社交恐惧和内向画等号。我们通常会拿羞涩、内敛来为自己不敢社交开脱，这个理由很自然地符合了中国文化。在我们的文化里，一直把含蓄、羞涩、内敛、克制看成良好的品质，女子更是以羞涩、内敛为美。比如，白居易《琵琶行》中的歌女，出场时“千呼万唤始出来，犹抱琵琶半遮面”。因此，我们会很自然地把内向当借口，心安理得地逃避社交。内向确实更容易导致社交恐惧，但两者不能等同。这一点在下节关于社交恐惧的原因里，我会进行更详细的讲解。

第二个误区是认为社交恐惧就是自卑。社交恐惧的人，因为自己有社交方面的问题，往往有自卑心理。但自卑只是社交恐惧的一个表现而已。很多人解决了自己社交恐惧的问题，自然就不再自卑了。

第三个误区是把不敢社交当作不喜欢社交。如果你真的偏爱独处，觉得人际交往没意思，但是如果有需要，也完全可以应对，那么你可能只是社交厌倦。但很多有社交恐惧的朋友会拿社交厌倦来作为借口，其实他们内心很渴望能有更多的朋友。如果你属于后面这种情况，那么就需要警惕这个堂而皇之的借口了。只有直面内心的渴望，你才可能有所改变。

第四个误区是觉得只要不去那个让自己感到恐惧的场合就好了。比如，你害怕人多的场合，那你不去这种场合就没事了。是的，只要不接触让你感到恐惧的场合，自己就不会产生恐惧。可是，这样做只会让恐惧一直延续下去，而且会扩大你的恐惧范围。

另外，还有一些人在社交中感到紧张不安，就会给自己贴一个“社交恐惧症”的标签，但其实他们可能并没有达到“症”的程度。

那怎么区分正常的社交恐惧和社交恐惧症呢？**有这样三个关键点，如果你都符合，那就要考虑自己患上社交恐惧症的可能性了。**

第一，你的社交恐惧反应很强烈，或者时间至少持续了六个月。第二，你总是想办法回避你所害怕的社交场合，否则就要忍受过分的焦虑或痛苦。第三，你的困扰已经严重妨碍了自己正常的生活、工作和社交活动。

像前文提到的对视恐惧案例中的玲玲，就可以明确她患上了社交恐惧症。而在面试中过于紧张的男同学，则没有达到“症”的程度。

为了帮助大家更好地判断自己的情况，在本节课最后，我**分享十道题目来给大家进行自测**。你可以找一张纸在旁边记录你的答案。

每道题目都有 4 个答案可以选择，1 代表很少或从不如此，2 代表有时如此，3 代表经常如此，4 代表总是如此。

以下为题目，请在空白处写下你的答案。

1. 我害怕在重要的人面前讲话；

2. 在别人面前脸红让我很难受；

3. 我害怕参加聚会及一些社交活动；

4. 我常常回避和我不认识的人交谈；

5. 我不愿意被别人议论；

6. 我回避任何以我为中心的事情；

7. 我害怕当众讲话；

8. 我不能在别人的注视下做事；

9. 看见陌生人，我就不由自主地发抖、心慌；

10. 我梦见和别人交谈时自己出丑的窘样。

请把你的答案直接作为分数相加，计算出总分。如果你的分数在 10 分到 24 分，说明你有轻度的社交恐惧，需要引起你的注意；如果你的分数在 25 分到 35 分，说明你已经有中度的社交恐惧，需要尽快调整和咨询；如果你的分数在 36 分到 40 分，那么，你的社交恐惧可能已经比较严重了，请你尽快求助心理医生或精神科医生。

你需要注意的是，**不管结果如何，你要以自己的感觉为准。如果你确确实实感觉自己受到社交恐惧的困扰，那么不妨学习一下怎么改变，让自己在社交中更自在。**

- 本节课后作业 -

请大家思考以下三个问题，并且写下你的答案。社交恐惧都给你带来了哪些负面影响？你通常是怎么回应的？结果如何？这个作业的意义在于，我们很多时候之所以在社交恐惧中走不出来，是因为虽然它很痛苦，但躲起来不改变是我们的舒适区。所以我们需要识别自己做了哪些无效的应对，这样才能真正行动起来。

LESSON 2 第二课

原因探析：为什么你会有社交恐惧？

- 本节课你将掌握 -

一、社交恐惧的几个核心因素

1. 社交处境

2. 性格特征

3. 失态经历

4. 负性信念

5. 社交技能

二、深呼吸放松训练

为什么你会有社交恐惧？有的人觉得我是天生的，从小就胆小怕人。有的人是因为有过尴尬的社交经历，然后就开始害怕社交了。

还有的人说不清自己为什么有社交恐惧。这节课我将从相对专业的角度和大家探讨一下社交恐惧，帮助你找到你的症结所在，以便能更好地摆脱它。

有的人之所以害怕社交，显而易见的一点就是，他们渴望在别人心目中留下好印象。如果无论对方怎么看你，你都毫不在乎，那自然不会感到紧张害怕。

因此，**诱发社交恐惧的第一个因素就是社交处境。**人们的紧张程度很多时候取决于交往的对象和当时的情境。比如，与异性交往时，对方越是优秀，你越是喜欢对方，也就越容易感到紧张。如果这次社交很重要，比如面试，对方掌握着“生杀大权”，那自然也很容易紧张。很多人在第一次与人见面时会紧张，这也是因为太在意自己给别人的第一印象。

针对这一点，我想提醒你，**如果你只是对某些人或某些场合有社交恐惧，留意这个人或这个场合对你有什么特殊的意义，不要把这种感觉泛化。**有些人会因为恐惧感太强烈，于是过度责备自己，从而对更多的社交情境感到戒备和警惕，结果让他们感到害怕的情况越来越多。

当然，社交处境只是非常表面的原因，它的背后是性格因素。**我们都有这样的认识，内向、胆小和完美主义的人更容易有社交恐惧。**

你可能比较谨慎，怕出错；也可能争强好胜，对自己要求很高。所以在脑子里常常有这样的信念：“我一定要让对方满意”“我的表现很重要”“我不能做不好”。带着这样的想法，你很容易夸大社交中的挑战，一个小危机也会放大几倍去看，焦虑感自然会提高。

也可能，你总是要为一次谈话做好充足的准备才愿意开始，比如为一次约会提前准备好话题，为一次 5 分钟的发言提前练习 1 个多小时。很多人害怕突如其来的社交场合，这让他们感觉毫无准备，就会感到很担心、很焦虑。还有一些人会有电话恐惧，他们接听电话时会发慌，因为不知道对方是什么状态，感觉心里没底。这些都与完美主义的性格有关系。

这里需要纠正大家的一个认知，就是关于内向和社交恐惧的关系。很多人都觉得内向就是不敢社交，但其实这是误解了内向的朋友，他们只是更偏爱独处，不喜欢主动社交而已。有些内向的人在需要的时候，是非常善于社交的。因为大家常常给内向的人贴上"不善社交"的标签，这让内向的人也这么看待自己，所以才导致内向的人似乎真的更容易有社交恐惧，这是一种消极的暗示作用。

另外，社交恐惧还可能是因为你的控制欲太强。其实，别人怎么看你，往往不是你自己可以控制的，主动权在对方。但你非要去控制对方，幻想自己怎么做才能让对方如你所愿，那感到不安也就容易理解了。

改变性格是比较难的事，但你可以审视一下自己的社交动机，看看你的内心是不是带着一个非常强烈的期待，比如"我一定要表现得很好""我要对方和我聊完之后更喜欢我""我不能暴露出任何缺点给对方看到"。**尝试把你内心的期待写下来，然后用"希望""也许"这样程度相对较弱的词来替换你原来的表达，**比如"我希望可以表现得很好”“我希望对方会更喜欢我”“也许我会暴露出一点不足，不过这没多大关系”。你可以试试看，这样调整自己的期待或许会带来很不一样的感受。

除了社交处境和性格，第三个原因就是有过失态的经历。就好像“一朝被蛇咬，十年怕井绳”，过去的社交失败给你留下了心理阴影，导致一遇到类似的情况你就会感到害怕。

我有一个来访者在一次小组发言时说得不恰当，有人忍不住笑了，他感到很尴尬。从那之后，他就害怕发言，能躲就尽量躲，不得已要发言时就会条件反射地紧张不安，担心别人再取笑他。

遇到这样的情况，我们常常会说服自己，那是上次的事，都过去了，没有必要再害怕。但这种想法往往没用，相似的场景一出现，不由我们去想就已经有了焦虑的反应。有时候我们自己都搞不懂到底在怕什么。

这其实是因为在我们的大脑中有一个很原始的脑区，叫作边缘系统，它与我们的情绪和记忆相关。因为之前那次经历太刺激，所以你的身体记住了某种特定的反应模式。你可以想象泼一杯水在一个斜坡上，它会顺着某个方向往下流。之后你再倒水上去，水会很自然地沿着原来的痕迹流。同样地，你一遇到类似的情况，这个脑区就会被激活，你会不由自主地害怕，想逃跑或身体发僵。

边缘系统很原始，所以你很难用道理去驯服它。**想要改变你的反应模式，你需要不断地经历让你感到害怕的场景，用新的反应去取代它。**就好像你不停地倒水上去，水就会开辟出更多的道路向下流。从下节课起，我们将进入实操训练的部分，**请你一定要行动起来。**

另外，**我们需要重点聊一聊负性信念**。很多人内心很敏感，自尊心很强，总觉得自己不够好，很难被别人认可，或者认为别人很难相处，因此会对自己不满意。他们一旦有不完美的表现，比如说错了一个字，声音有点颤抖，就担心自己会不会给别人留下不好的印象，于是特别注意自己的表现。而且会特别留意对方的一颦一笑，如果对方皱了一下眉，或者打了个哈欠，他们就会非常警惕，觉得这些动作表示对方有些不满。

这在心理学上叫作**注意偏好**，因为人们担心某事会出问题，所以把注意力都集中在这上面，结果往往总是能找到让自己不满意的地方，而对积极的信号视而不见。

这会导致三个消极影响：一是你会夸大负性的信息。比如，你感到很紧张，但其实你的脸红几乎让别人察觉不到，你仍坚定地认为自己满脸通红，因此很尴尬。二是你总在注意这些与说话内容无关的信息，自然会忽视真正要说的内容，结果可能说着说着就忘了要说什么，正常的人际交往就受到了影响。三是当你担心的事情真的发生时，你就会觉得，我果然不够好，对方果然很难搞。你的负性预测得到了验证，于是内心的负性信念更牢固了，从而形成恶性循环，这让你在面对下一次社交时更焦虑了。如果你还有糟糕至极的认知偏差，也就是说，你会夸大这次社交失败给自己带来的损失，觉得"完了，我失去了一个朋友"，或者"一定会影响我的工作机会"等，那你在下次社交时会加倍恐惧。

其实跳出来看，社交中出现的很多情况都是很正常的，但社交恐惧的人会把这些正常的东西当作不对的、不正常的，于是加倍注意，结果越来越敏感。有一种心理治疗方法叫作**森田疗法**，这种疗法认为这是精神交互作用。我有一个来访者，他在向领导汇报工作时比较紧张，说话时出现口吃的情况，领导安慰说你不要紧张，他听到后反而更紧张了。类似的情况，我们几乎都遇到过。可是他把自己偶尔的一次口吃很当回事，不希望它再出现，说话时就提醒自己不能口吃，这样一来口吃现象出现得越来越多，越来越严重。这就是精神交互作用，你越想克服某个问题，反而就越会加剧它，最终形成恶性循环。

我们在后面的课程中会结合具体的社交情境，带领大家学习怎么改变内心的负性信念。

最后还有一个原因就是缺乏社交技巧。有些人可能从小父母管得比较严，或者父母过度保护，因而失去了很多社交锻炼的机会。比如，我们不知道怎么说开场白，怎么礼貌地插话，怎么倾听对方的言外之意，怎么做出回应，因此在社交场合里往往不知所措。

关于社交技巧，我们同样会穿插在后面的课程中进行讲解。这里希望你有一个认识就是，先下水才能学会游泳。你不要觉得自己不善于社交，于是不敢去做。**其实社交技巧并没有你所认为的那么重要，只要对别人真心相待，对一般的社交来说就足够了。**所以哪怕你缺少社交技巧，也不应该成为你不敢社交的阻碍。

在本节课最后，我想带领你做一段练习，帮助你初步克服内心的恐惧感。请你找到一个安静的独处的环境。然后，请你坐好，感觉一下自己的姿势够不够舒服，你可以做一些必要的调整，让自己处于一个最舒服的姿势。

调整好之后，轻轻闭上你的眼睛，然后，请跟着我做几次深慢的呼吸。注意吸气的同时，腹部往上隆起，呼气的同时，腹部渐渐下沉。深深地吸气，缓缓地吐气……再深深吸气，缓缓吐气……你每做一次深呼吸，都能感觉自己比之前更加放松。

很好，再做几次这样的深慢呼吸。

现在你感觉自己很放松，很放松，请你回想一个你害怕的社交场景。感觉一下画面中都有谁，有什么声音，谁在说话。此时，你的身体有什么感受？你有什么样的情绪？**不管是什么，都允许它们存在，不要试图控制你的感觉，不管它们是愉快的，还是不舒服的，都顺其自然。**

继续保持深慢的呼吸，并将注意力放在你的呼吸上，吸气……吐气……吸气……吐气……很好，同样地，你每做一次深呼吸，都能感觉自己比之前更加放松。如果有什么画面出现，或者有什么情绪产生，都不用管它，**你只需要做一件事，就是关注自己的呼吸，保持深且慢的呼吸。**

好，现在慢慢地睁开双眼，环顾一下四周。

这个练习就做到这里。我想你可能之前也接触过深呼吸放松练习，但很多人其实都没有得到要领，或者训练的次数不够多。希望你可以在刚才的练习中有不一样的体会。

这个深呼吸放松练习，其实是需要多次反复地练，你才会有更好的体会。所以，建议大家在生活中反复做这个练习。

- 本节课后作业 -

反复做深呼吸放松练习。

LESSON 3 第三课

自我觉察：害怕社交时你在想什么？

- 本节课你将掌握 -

一、两种常见的错误应对方式以及正确的应对态度

1. 错误应对方式：回避和努力克服症状

2. 正确态度：接纳你的焦虑

二、需要注意的四个观念和看法

1. 追求完美

2. 把自己的焦虑当作不正常

3. 个人化倾向

4. 凭主观感受下结论

先问大家一个问题，你在社交恐惧中的体验是什么？大家的感

受可能很相像，比如很难受、很害怕、是一种煎熬，还有感觉脸红、心慌，心里有话说不出来，很压抑，想迅速逃走，或者要不断给自己打气才能勉强扛住，恨不得自己能隐身，防止自己失控，等等。

面对这些糟糕的感觉，大家通常会有以下两种负面反应。

第一种反应是回避，能逃就逃，能躲就躲。不少人觉得这是一个好方法，能让自己减少焦虑。可是躲得了今天，躲不了明天，回避并不能消除恐惧，反而会让自己的症状更顽固，不仅失去了交友的乐趣，而且社交技能迟迟得不到训练，结果越来越逃避社交。

第二种反应看起来很积极，就是努力去克服症状，和自己的各种表现对着干。你可能会在心里说："真该死！怎么社交恐惧又发作了！"然后对自己的恐惧虎视眈眈。可是你会发现，你越是努力去克服，你的情况可能越糟糕。

为什么会这样呢？因为，焦虑、恐惧是人类的基本情绪，它是我们自我保护的本能，就像小婴儿天生就会因为害怕而啼哭。上节课也讲到，情绪的大脑中枢是边缘系统，它是一个比较原始的脑区，很难用道理去驯服。简单地讲，**情绪是很难靠自我去控制的，不是我让它来，它就来，我让它走，它就走的。**

接下来，我要讲一个可能会颠覆你认知的观点，请你仔细思考。那就是，**很多长期受社交恐惧困扰的人，其实他们的问题根本不在于症状本身，而在于他们对症状的"抗拒"和害怕。**当有人问我，怎么样可以让他在与人社交时不害怕时，我通常会回答他，为什么不可以害怕呢？尤其是有些人在和领导交谈时很紧张，我反而觉得，不紧张才是不正常的。

这就是我希望大家能够端正的一个态度，社交恐惧本身并不是问题的根本，它没有那么可怕。很多人是因为对社交恐惧的恐惧，而导致症状变得更强烈，更害怕社交。举个例子来说，当你感到不那么自在的社交要开始之前，你可能会有一个预期的担心，心怦怦跳，怕自己会害怕，会表现不好。这种担心本身就加剧了你的社交恐惧。

如果你不试图控制你的症状，比如脸红心慌，口吃冒汗，那么它本身可能只是很轻微的，或者即便不是很轻微，也能很快平息。那些曾经有社交恐惧，但很快就能康复的人，往往是有这样一种信念：紧张、害怕只不过是我的一种感受，我可以选择接纳它们。

讲到这里你可能会困惑，说起来简单，但是怎么做到不把紧张或害怕当回事呢？这好像是不可能的。或者，你会觉得不可能这么简单吧，我痛苦了这么久，原来是我给自己平添了烦恼吗？“众里寻他千百度，得来全不费工夫。”原来只要不把问题当成问题就行了吗？

这里我换一种方式来讲，就是**对于任何问题来说，想要解决它，最关键的就是你对它的看法。**我举一个例子帮助你理解。

两个同事一起上街，碰到他们的领导，但对方没有和他们打招呼，而是直接走了过去。其中一个人认为：“领导可能正在想别的事情，没有注意到我们。即使是看到我们而没理睬，也可能有什么特殊的原因。”但另一个人有不同的想法，他觉得：“是不是上次我顶撞了领导一句，领导故意不理我，下一步他可能会故意找我的碴儿，我得小心些。”两种不同的想法会导致两种截然不同的反应。前者可能觉得无所谓，然后一切如常。而后者可能忧心忡忡，以致无法平静下来干好自己的工作。

如果你在一次重要的发言中说错了话，你会怎么看？你认为这是一件很丢人的事情，自己不应该说错，那你可能会感觉懊恼、尴尬。可是如果你想想，某个名牌大学的校长在校庆的时候也会说错话，那你说错有什么大不了的？你的心情肯定会好很多，下一次发言也会更平静。

因此，**你的看法不同、观念不同，你的感受和反应就会不同。你把自己的紧张看作不正常，就会对自己产生很大的影响，你越想要克服它，你就越紧张。但如果你觉得没太大关系，允许自己紧张，过了几次之后，你反而会渐渐地不紧张了。**

在第二节课里介绍的深呼吸放松练习，就是一种接纳紧张的好方法。所以建议大家反复做，以便熟练掌握。

接下来，我们来看一看，究竟有哪些观念和看法，与我们的社交恐惧有密切关系呢？

第一个观念就是期望自己在社交中有一个完美的表现。我们在上节课讲到过，比如有的人认为“我一定要让对方满意”“我不能做不好”等，很容易夸大社交中的挑战，焦虑感自然会加深。

第二个观念是对人类的情绪和感受缺乏正确的认知。就像我们刚才讲的，把一些正常的情绪和感受看作不正常的，结果引发了过度焦虑。

我想重点说说**第三个观念，就是个人化倾向**。也就是把自己看作一切的中心，总觉得别人在关注自己。如果犯了错，会全部归因于自己，并不断自责。

比如，一个男孩在一次宴会中，有个朋友说了一个笑话，其他人都笑了，可他觉得不好笑，就说："这有什么好笑的？"他这样一说，其他人都不笑了，出现了片刻的冷场。这让他感觉很尴尬，认为他们会笑话自己，之后在整场宴会中好像做什么都不自在。其实，其他人并没有把他说的话当回事，片刻冷场后，就各顾各吃饭了。

这个男孩就是把自己看作宴会的中心，在直觉上高估了自己的重要性。心理学上把这种倾向称为**焦点效应**，这样的心理容易产生一种**透明度错觉**。也就是说，我们总能敏锐地觉察到自己的情绪，并在表情上表现出来，于是就想当然地认为，别人也会注意到，也会很在意。好像我们一直生活在透明的鱼缸里，但其实**别人往往并没有像我们自己那样注意我们。**

还有这样一个例子，一位女士每次上班坐在自己的位置上就会觉得别扭，好像背后有无数双眼睛盯着自己。无论自己说什么，别人都会听见，无论自己做什么，别人也会看见。她觉得自己每天都暴露在众目睽睽之下，很不自在。有一阵子，她失恋了，更是觉得天都塌了。一看到有公司的熟人聚在一起，她就觉得大家是在议论她，在看她笑话。终于，在一次同事聚餐后，她借着酒劲儿变得歇斯底里，失声痛哭。同事们面面相觑，不知道究竟发生了什么让她这么伤心。她这才明白：原来大家也都在忙着关注自己，根本没空去观察她、打探她的事！

关注自己的形象并没有错，但如果把自己看成一切问题的中心，那么就会适得其反，始终活在焦虑中。

在这种焦点效应和透明度错觉的影响下，我们很容易草率地做出判断。也就是说，人们在缺乏充分依据的情况下，会凭自己的主观感受下结论。比如，对方皱了一下眉，或者打了个哈欠，有的人就觉得这表示对方有所不满。但其实对方可能只是没有休息好，身体有些累，和你没什么关系。

想要突破这一点很容易，你只需要看看身边的人，他们都很擅长社交吗？他们在社交中都很坦然，不会感到焦虑紧张吗？

你可以设想，一个口吃的人在交谈时自然会尽量少说话。但也许和他交谈的那个人也口吃，而两个人彼此不知道，都尽力隐藏自己的口吃，同时都感觉这场谈话很尴尬。结果，他们都因为高度关注自己，很少关注对方，没有发现原来对方也存在类似的问题，只觉得自己的表现很差劲。

这些观念有时是自动化出现的，好像没有思考就已经这样想了。当我们被自己强烈的恐惧和焦虑控制时，会不知道自己的想法。

有一个方法对你会很有帮助，那就是**正念**。正念的产生与佛教有很大的关系，它是让人们带着好奇心和同情心观察自己当下正在经历着的体验。正念练习能帮你觉察到自己最细微的焦虑和恐惧，在出现这些强烈的情绪反应之前，就让你用一些新技巧来应对，把焦虑控制在“萌芽”里。在日常生活中进行一些正念练习，能帮助我们形成一种愿意直面恐惧的态度，让我们停止内心的挣扎。让我们知道怎么停止逃避，进而把注意力放在更有建设性、能够实现自我价值的事情上。

我推荐一本书，书名是《正念：此刻是一枝花》（作者为美国知名正念专家乔·卡巴－金），有兴趣的朋友可以找来看。在后面的课程中，我也会带领大家做一些正念的练习。

另外，**我建议你在下一次社交的时候，尝试觉察一下自己有哪些“偶像包袱”**。也就是说，你的哪些表现，你原以为别人会很在意，但其实并没什么。**你也可以开始学习在交谈中观察别人，表现出对别人感兴趣。**

如果你感到紧张，可以想想说错话的校长，或者英语很蹩脚的总裁，也可以想想你身边的其他人。放下不切实际的期待，接纳自己的焦虑。

－本节课后作业－

请你回忆最近一次你感到恐惧或焦虑的社交情境，进入当时的情境中，额外带入一种全新的好奇心观察自己。

然后记录以下内容：你头脑中出现了什么样的想法？身体有什么样的变化？情绪是怎么样的？你都采取了什么行动？

PART Ⅱ

第二部分

战胜内心的恐惧感

LESSON 4 第四课

应对恐惧：逃避恐惧为什么让你更难过?

- 本节课你将掌握 -

一、深入认识恐惧的意义，从而放弃对抗

1. 认识到恐惧是本能

2. 认识到恐惧有保护作用

二、深入识别逃避恐惧的种种行为，进而学会如何接纳

1. 直接回避

2. 隐性回避

3. 忍受

三、正念呼吸

上节课，我们探讨了人们在害怕社交时都有哪些想法。人们在

社交中感到焦虑和恐惧是很正常的，你的困扰可能主要来自对社交恐惧的过度反应。尝试接纳你的焦虑和恐惧，是化解社交恐惧的第一步。

通过上节课我们对几种观念的探讨，希望你的态度已有一些转变，感到更加轻松一些。这节课，我们将进一步学习接纳自己的恐惧。

焦虑也好，恐惧也好，都是我们不喜欢的情绪。但你有没有想过，它实际上对人们也有一定好处呢？

想一想，在我们感到害怕的时候，身体都有哪些反应？比如，你怕狗，正在走路时听到前面有狗叫声，你可能还没来得及反应，双脚就已经停住了，做好随时跑开的准备。再如，当你一个人走夜路时，你可能会走得很快，而且变得很机警，一点声响或人影你都会立刻觉察到。

这是因为**恐惧是我们自我保护的本能。**当我们意识到有危险，大脑中的某个区域就像警卫一样，迅速向全身发送警报，自主神经系统会立刻激活，你的身体会立即进入全副武装的状态。比如，呼吸和心跳加快、肌肉紧张、瞳孔变大等。呼吸加快可以让你吸入更多氧气，心跳加快可以让你的四肢更有力量，瞳孔变大可以让你能扫描到更多的危险信号。这一系列变化都是“战斗或逃跑”的本能反应，是为了方便你时刻准备采取行动，要么战胜危险，要么安全撤退。

回到社交中，我们之所以会脸红心慌、手心出汗，其实也是身体在启动自我保护的本能。**尽管这些反应让我们不舒服，但我们应**

该心存感激，因为正是有这样的自动反应模式，才一次次保护我们能在第一时间脱离危险。

大家都知道武松打虎的故事，他的勇敢让大家很敬佩。但他真的不怕老虎吗？我想不是的。他其实也很害怕，只是怕店家笑话，才“明知山有虎，偏向虎山行”。而正是因为带着一种害怕和警觉的心态，时刻警惕老虎的出现，并在身体上做好了战斗的准备，他才顺利把老虎打死。如果他没有恐惧心理，恐怕早就被老虎吃掉了。

焦虑也是一样，它其实也是在帮我们做好准备以应对挑战。比如，你因为马上要参加一个演讲而感到焦虑不安，于是你就会提前练习。心理学研究发现，适度的焦虑反而有助于我们表现得更好。

所以说，**焦虑和恐惧其实是我们的好朋友**。很多人对这一点缺少充分的认识，他们希望自己在社交时没有焦虑，没有恐惧。这种心情可以理解，可是如果人们真的没有了焦虑和恐惧，一定是件好事吗？比如，在众人面前，只顾自己不顾别人，滔滔不绝地想什么说什么，随意讲话。或者要参加一场面试，却没有进行任何准备。又或者近距离直视一个人，没有一丝不安感，那又会怎样呢？建议你思考一下这个问题。

还记得上节课我们提到的两种应对方式吗？一种是逃避，另一种是硬着头皮上。这其实就是“战斗或逃跑”的反应。

有些人在社交中选择直接回避。这些人可能从一开始就选择逃避，因为逃避让他们感到安全舒服，好像只要躲开了，问题就自然解决了。尽管这种感觉不会持久，但至少能应急，结果他们变成习惯性地逃避。也可能他们一开始选择战斗，也就是尝试去消除自己的害怕。可是经过几次尝试都不太满意，越来越气馁，于是开始逃避。还有一些朋友，逃避得久了，发现逃避根本行不通，开始变得与世隔绝。这时候，他们就会感到深深的痛苦和无助。

其实，我们每个人都有回避那些不好的个人经验的天性。个人经验，可以理解为你的内心世界，比如想法、感受、记忆、欲望等。当我们有一些不想要的个人经验，比如认为自己很差劲，感到很痛苦，有一件很伤心的往事，我们就会试图摆脱它。在现实世界里，我们想要摆脱一件不喜欢的东西时，可以丢掉它，或者破坏它。但是**在内心世界，不管是压抑还是对抗，这样的方式常常不起作用，反而会给我们带来额外的痛苦。**

比如，有一个男生在和女生说话时会紧张害怕，于是他尽量减少与女生接触。但这样做导致他很自责，他不断地批评自己，觉得自己太没用了，因此经常闷闷不乐，感到很孤独。我想**每一个逃避社交的人，可能都会为躲过“一劫”而有过短暂的轻松和欣喜，但同时又有非常强烈的自责和孤独。内心非常渴望能与别人接触，但又觉得自己很㞞，这就是逃避带来的巨大痛苦。**

所以，我还要再提一遍这个问题：**从你内心深处来说，你觉得逃避是否可以帮你解决问题，让你更轻松一些？你既然选择看这本书，那么你真的做好准备，鼓起勇气去做一些改变吗？还是说，看书也是你逃避问题的一种方式，你希望看完书问题就能自然解决，不需要去做新的尝试？**

上面说的直接回避比较明显，但**还有一些回避就不那么明显了**。

比如，有些人也会去社交场合，可是他不说话，只听，也就是通过扮演“倾听者”的角色，来试图降低焦虑。在与别人交往时，他能够知道别人的想法，可是很少说或从不说自己的情况。这种方式在短期内也许有助于缓解你的焦虑，也不用太担心在社交中被评判或被拒绝。但从长期来看，会让别人觉得你很难交往，不容易亲近。所以，你如果实在紧张，可以先尝试多听少说，这也未尝不可。但需要注意的是，你不要只停在这一步，你可以通过尝试慢慢地增加表达自己的次数使你的人际关系更加良好。

类似这种情况，**你需要警惕的是，也许你觉得你在面对问题，但其实仍旧是在逃避内心的恐惧。**

还有一种应对方式就是有些人虽然有焦虑和恐惧，但是他们咬紧牙关，坚持社交。这看起来是比较积极的方式，但其实也是一种逃避。

因为他们尽管在行动上没有逃避，但还是在与自己的感受作斗争，拼命想让它离开。换句话说，这是忍受，不是接纳。很多人看过一些社交恐惧的书，也了解到“要接纳自己的恐惧”，但还是觉得没用，这可能就是因为，**他们把忍受当作了接纳。**

这怎么理解呢？举个现实中的例子：我有一个朋友，左眼角的旁边有一个黑色的胎记，他觉得很丑，一直耿耿于怀，去了很多医院求治。但因为胎记的位置太靠近眼睛，不能激光治疗，这让他很烦心。这就是忍受。有一天，他顿悟，觉得算了，不如把它作为自己独特的标志。这样一想，就觉得它似乎也没有那么丑，自然就不去关注它了。就这样，他的心结打开了，他后悔过去花了很多时间去医院，也浪费了很多钱。这就是接纳。

忍受痛苦去交往，尽管也能完成社交的目的，但这个过程会损耗我们过多的精力，也会让我们很难全力以赴地投入任何社交活动，错过社交的乐趣。而且，因为你的内心还是很痛苦，所以依然不喜欢社交，长此以往，还是有可能会发展为回避社交。

带着对焦虑的接纳去社交，就是允许自己焦虑，觉得没关系，顺其自然就好。这也是正念疗法的核心。当我们怀着真诚和温柔的好奇心去观察自己的各种体验，换个角度去看熟悉的人以及周围的环境，重新审视它们，就可以更好地去接受，甚至欢迎那些自己无法改变的事情，而不是拼命去控制。正念其实也是一种生活态度，让我们对自己的反应抱一颗慈悲之心，尽量温柔地对待我们的感受。

要记住，你的这些焦虑和恐惧的反应都是出于本能，不要因此批评自己。当你通过训练，在感到痛苦的时候能够接受这种痛苦，把它视为自己的一部分时，就能更自在地参与社交，也能更充分地享受自己的生活。

最后，我来介绍一下正念呼吸练习。考虑到每个人的习惯不同，所以我只讲要点，请大家多多练习。这个练习与第二课的深呼吸放松有些类似，不过还是有所不同。**第二课的练习，目的是体验深呼吸带来的放松，可以用来缓解紧张和恐惧。而正念呼吸，是为了训练人们对当下，也就是此时此刻的觉察力，学习更好地接纳各种体验。**

正念呼吸有五个要点，请你记下来。

第一，找到一个相对安静的独处的环境。

第二，闭上眼睛，或者把目光集中在你面前的某一点上。

第三，观察自己，感觉身体内的呼吸。让你的注意力集中在气流的一个点上，可能从鼻孔进来，集中在胃部，又回到喉咙。也可能你的注意力会在其他部位。

第四，保持注意力在呼吸上，每次都深深地吸一口气，吸到最底。每一次呼气，都要彻底排空身体里吸进来的气体。一直保持这种状态，想象自己站在呼吸的浪潮上，驾驭着自己呼吸的气流。

第五，每当你留意到自己的注意力从呼吸上溜走的时候，你只需要轻轻地把注意力带回到感受自己的呼吸上，感受着自己每次呼吸时空气的吸入与呼出。

如果头脑中出现各种念头导致你分心，只需要温柔地把注意力放在呼吸上，一遍又一遍，并提醒自己：那些只是自己头脑中的念头而已，并不意味着自己没有做对。

这个练习的目的就是让你学会接纳任何感觉，接纳头脑中冒出来的任何想法，并能保持平静和专注。正念呼吸看起来很简单，但实际上还是比较有挑战性的。大家还是要多多练习，每天至少要练习一次。

– 本节课后作业 –

练习课程中介绍的正念呼吸。

LESSON 5 第五课

过度自责：社交中的不完美有多少是你的错？

- 本节课你将掌握 -

一、正视自己的完美主义，突破认知偏差

二、审视自我批评的习惯，学会鼓励自己

三、重新看待对方的作用，转变归因方式

很多朋友不仅在社交中紧张焦虑，而且每一次社交后还会忍不住反复回忆社交的过程，懊恼自己有哪些表现不够好，应该怎样怎样。如果社交中有一些瑕疵，会觉得都是自己造成的，因此非常自责。

不知道你是不是也这样呢？明明知道没必要，但就是忍不住要追忆各种细节，反复琢磨才能放心，像得了强迫症似的，让你很苦恼。

想要解决这个问题，我们可以从三个方面来入手。

首先，你需要对自己完美主义的特点有一个清晰的认识，纠正认知上的偏差。

上文曾经提到，完美主义的性格与社交恐惧有很大关系。因为完美主义者总是力争把事情做到尽善尽美，不允许自己出差错，自然就容易过度紧张。

你可能觉得，自己并不是一个完美主义者，只不过是想在社交中表现得自然一些，这要求难道还高吗？其实，**完美主义的重点不在于对自己高标准，而在于不允许自己不够好。**大家都知道人无完人，但有些人能够做到接纳自己的不完美，有些人却做不到，反而喜欢过度自责，沉浸在自己的缺点中。

你可以检查一下，你有没有这些想法？

第一种想法是：**如果我表现得不够好，别人就会不喜欢我。**

第二种想法是：**我必须怎样怎样，我应该怎样怎样。**

第三种想法是：**我要比别人更好才行。**

第四种想法是：**如果我没做到，那我就很糟糕。**

这些想法就像是无形的枷锁，给我们不断施加社交的压力。**在这背后其实有一个思维上的误区，就是你依据某一件事，或者自己的某一次表现，来评判自己。**

比如，你可能不擅长言语表达，说话不够言简意赅，不够流畅，或者某个行为表现不恰当，好比见了人没打招呼，甚至说错话得罪了人。你因此深深地责怪自己，觉得自己怎么这么差劲。**这其实是**

把个别等同于整体，因为一个缺点而觉得自己整个人都糟糕，因为一点失败而对自己全盘否定。在这种思维模式下，你很容易放大失望的情绪，产生一种强烈的自我挫败感，这种感觉吞噬你的自信，让你很难走出来。当你认定自己不擅长社交，那下一次社交时表现不好就是自然的事了。

这涉及你的核心自尊，也就是你怎么看待自己的价值。**当我们坚定地认为，我不需要特别完美，不需要特别招人喜欢，我依然值得被爱，依然是有价值的，那么我们在社交中自然能放松心态。而如果我们过度在意别人怎么看自己，拼命追求别人的认可，就很难感到自在。因为你不是在社交，而是在考试，在争取考核通过，让别人来证明你是好的。**

如果你执着于这样，那就等于把自己非人化，当作市场里有价格的商品。就像我们对自己说："我像一辆汽车、一包洗衣粉或其他东西。如果我做得好，我就值得被珍惜。如果我做得不好，我就是无用的垃圾。"然而，每一个人都天然有存在的价值，这一点不需要证明。像评价物品一样评价我们自己是很危险的。

当然，要提高价值感就涉及更多的心理工作了。回到社交恐惧上来，想要纠正自己这个认知偏差，**建议你学习区分"行为"和"自我"**。继续在社交中觉察你头脑中的想法，也就是我们第三课的练习，如果你发现你因为对自己的表现不满而否定自己，就在心里轻轻地对自己说：**"我的表现不等于我本人，更何况只是这一次的表现。尽管我为自己的紧张感到难过，但这并不关乎我是一个怎样的人。"**

其实，我们之所以容易把行为和自我捆在一起，与我们所受的教育有很大关系。小时候，我们经常会听到长辈这样的批评："你学习这么差，长大能有什么出息。""你连这点事都做不好，太差劲了。"就是因为我们从小被这样对待，所以变得容易放大问题。

其次，你要重新审视自我批评的习惯，学会鼓励自己。

在我们的文化里特别强调内省，我们从小就被教育要善于反思自己的错误。而且在我们的生活中，大家普遍认为社交恐惧是不应该的。这些都会加剧我们的自责。

很多人面对社交恐惧时会批评自己。比如，有的人当没必要紧张的时候感到紧张，就会因此很生自己的气；有的人不喜欢自己会感到恐惧，因为觉得那是弱者的表现；还有的人克服不了自己的紧张和恐惧，会感到很失败；等等。当你接触一个心仪的异性时感到紧张脸红，在台上发言时结巴，或者汇报工作时漏了某个内容，各种内化了的评判性观念就会自动出现，比如"我真没用""我太差劲了"。

我们很难战胜自我批评，是因为我们常常在潜意识里觉得，自我批评是促使自己努力的唯一途径。感觉如果不责怪自己一下，让自己时刻保持警觉，我们就会变得懒惰、不求上进。所以，当我们在社交时感到焦虑、恐惧，当然要批评一下自己，好像这样才是对自己负责任。但其实很多时候这个批评是有害的，当你站在它这一边，往往会加剧你的问题。

有一个高中生，高一时在学校上厕所，发现自己的生殖器比别人的小。他担心被别人发现，就开始紧张。后来这种情况越来越厉害，发展到他一整天不能上厕所，即使憋得难受也尿不出来。他为此感到非常痛苦，认为自己的紧张是性格上的缺陷，其他人都没有这种反应。感觉自己不够好，不配和别人交流，除非自己学习好或某方面能力特别强，才会有更多人喜欢自己。

显而易见，他的问题很大程度上是由于把自己的紧张当作问题导致的。**你是不是也能够感觉到，比起你原本的紧张或恐惧，你对自己紧张或恐惧的自责，往往更让你受伤？**

“自我批评是必要的”这种观念，可追溯到儿童时期。父母可能经常说“如果不是我经常管着你，你什么事也做不好”或者“惩罚是对你最有效的方式，我这么严厉还不是为了你好”。很多父母对孩子好的行为不太注意，很少表扬，但对坏的行为却很快做出惩罚。因此，我们逐渐学会了自我批评和自我惩罚，很少鼓励自己、肯定自己。

也许你在人际交往中的表现已经很不错了，但是你只在意那些不够好的地方，盯着哪怕一丁点缺点不放。所以，当你下一次社交恐惧发作时，警惕一下内心批评自己的声音，安慰自己：**“没关系，我可以紧张，这没什么大不了的。”**然后鼓励自己：**“只要你尽自己最大努力去做就够了，总会越做越好的。”**

最后，你自责的时候可能忽视了对方在社交中的作用。

你要知道，如果你遭到了对方的否定，那只是代表对方个人的观点而已，不一定他就是对的。如果某个异性看不上你，那只是他不喜欢你而已，并不代表其他人也不喜欢你。如果你们的交谈不欢而散，可能只是碰巧对方今天心情不好，迁怒于你，并不是你有什么问题。既然社交不是你一个人的事情，为什么要把问题都归结到自己身上呢？你不妨问问自己，刚才他没理我，有没有可能是别的原因？我发言时说话结巴，是不是因为现场太吵，干扰了我的思路？**如果你对自己的表现不满意，要尝试从多角度分析原因，这样才能更好地帮你进步。**

有些人习惯把问题归到自己身上，其实是源于内心更深层的恐惧，就是害怕被讨厌、被拒绝。他们更在意自己是不是让对方不高兴了，好像自己的感受与对方一比，并不重要似的。

就像小时候我们总想取悦父母和老师一样，他们足够强大，能够给我们帮助和爱，所以尽管父母和老师的做法不恰当，我们也不会认为是他们错了，而是去监督自己、责怪自己，尽量不惹他们生气。就这样，自责成了我们的一种风格，延续到现在。

所以说，**我们的自责在本质上常常是一种自我保护，是出于害怕和对安全感的渴望。**好像在说："你看，我都怪我自己了，你就不要怪我了。"因此，你需要看到，你害怕社交的背后，究竟害怕的是什么。其实往往是你把对方看得太重，把人际关系看得比自己的感受更重要。因此，当你不能客观地评判社交中的表现时，问一问自己：**"如果我怎样怎样，对方就一定会讨厌我吗？如果对方讨厌我，对我来说就一定很糟糕吗？"**

我们来总结一下本节课提到的建议。当你在社交中由于紧张或恐惧而表现得不尽如人意时，你可以对自己说："我的表现不等于我本人，更何况只是这一次的表现。尽管我为自己的紧张感到难过，但这并不关乎我是一个怎样的人。"你可以试着安慰自己："没关系，我可以紧张，这没什么大不了的。"然后鼓励自己："只要我尽自己最大努力去做就够了，总会越做越好的。"如果你对自己的表现不满意，可以尝试从更多角度分析原因。如果你不能客观地评判自己在社交中的表现，可以问一问自己："如果我怎样怎样，对方就一定会讨厌我吗？如果对方讨厌我，对我来说就一定很糟糕吗？"

另外，我想再强调一点。这些批判性的念头常常是自动作用的，有时还和其他各种念头混在一起，让我们的大脑很少能注意到。正念能让我们有机会跳出来，仔细地觉察它们。所以，希望大家每天都能进行正念呼吸练习。

- 本节课后作业 -

请你评价一下自己的社交能力，你的优势是什么？不足是什么？然后找三位朋友，其中至少有一位是异性，让他们分别给你做一个评价。对比一下，他人和自己的评价有什么不同。

LESSON 6 第六课

自我保护：当外界不那么友好时，我该如何应对？

- 本节课你将掌握 -

一、为何我们容易认为他人不友好，以及怎么改变

1. 仓促下结论，自动化思维
2. 把对方理想化，绝对化要求
3. 带着怨念评价别人，或者转嫁自己的焦虑

二、当遇到真的不友好的人时，我们该如何应对

1. 学会关注自己的内心
2. 宽容对方
3. 查看自己的预期
4. 坦陈自己的感受
5. 多观察一会儿

6. 深呼吸放松

7. 拉开与对方的距离

人际交往本质上就是互动，离不开我们怎么看自己，以及怎么看别人。上节课，我们谈到对自己的看法，当我们不能正确看待自己时，就会在社交中过度自责。这节课，我们来聊聊我们对别人的看法，以及这些看法怎么导致了社交恐惧。

我想你可能经常会觉得别人“不够友好”，如果他们足够友好，或许你自然就会轻松些，不用那么担心自己的表现。那我们先一起想一想，有哪些言行可以算作不友好呢？

我列举三类，估计多数人都会认为是不友好的表现。一是在行为上，比如明明看到你却不理你，听见你说话却不回应。二是在语言上，比如对你冷嘲热讽，批评你、否定你，或者说一些让你不快的话。三是在表情上，比如露出轻蔑的表情，或者毫无表情，显得满不在乎。

问题的关键是，你会怎么看待对方这些表现。

大家还记得第三课中举的例子吗？两个同事一起上街，碰到他们的领导，但领导没跟他们打招呼。一个人认为：“领导可能正在想别的事情，没有注意到我们。”另一个人则觉得：“是不是上次我顶撞了领导一句，领导故意不理我。”两种不同的想法导致截然不同的反应，一个人转身就忘了这件事，另一个人却害怕与这个领导相处。

其实，他们之所以会有不同的想法，是因为第一个人知道，因为无心而表现得不礼貌是社交中常有的事，完全能理解。但第二个人则一定要找到一个原因，于是在心里假定对方是个小肚鸡肠的人，会记恨自己偶然的一次失误。

回到我们刚刚列举的三类表现上，真的是对方从心里就想对你不友好吗？还是有别的因素影响，只是表现得看似不友好？**其实，我们很多时候会对别人的反应过度解读。**

前文提到过，我们的大脑不总是理性的，很多时候它会偷懒，不经过分析迅速得出结论，以最快的速度做出反应。这是因为在远古时代，人类面对的危险常常危及生命，所以迅速比准确更重要。另外，这也是大脑的一个特性，它总是会努力记住某些特定的反应，以便节省认知资源，就像你可以不用刻意认路就能走回家。这就是我们这几节课反复提到的，**在社交中有很多自动化想法在影响你。**

因此，**我们很容易在没有充分事实根据的情况下，主观猜测对方的意图**。比如，当你盯着别人看了一眼，对方嘀咕了一下，你就认为对方看你不顺眼，但其实你根本没有听见他嘀咕的内容是什么。当你和某个人说话时，对方的反应不热情，你就认为他可能不喜欢你。你担心别人看出你的紧张之后会瞧不起你，因此觉得对方的目光确实是讨厌的、异样的。

而且，你往往会对自己的判断深信不疑，如果有人劝你，事情可能不是你想的那样，你会觉得别人只是想开导你。但其实，其他的可能确实有很多。

就像有朋友提到，他在社交中感到紧张，于是总觉得自己表现得不够友好，好像充满敌意，导致别人都不敢和他走近。你看，其实他也知道，一个人的表现未必就是真实的样子。

有些人会说，他曾经和某个人有过不愉快的经历，所以再接触时就会格外小心。比如，对方曾经出口伤人，或者曾经挑过他的刺，他难以放下心里的戒备。那么**请你在社交中留意觉察，你是不是因为碰到过不友好的人，就在心里默默假定，现在和你交谈的这个人也一定是不友好的？**

除了主观猜测，我们还容易把对方理想化，有一个绝对化的要求。也就是说，我们认为和自己打交道的人应该友好、善良、有礼貌、细心等等，给对方身上加一些“应该”“必须”。

比如，我们觉得对方缺乏热情，不够善解人意，不然我们不至于这么不自在。或者我们觉得对方不苟言笑，太不好相处了，所以我们理所当然会有敌意。**就好像我们假定了一个理想的交谈对象，他不会伤害我们，不会失礼，具备我们希望他有的一切品质，我们才不会退缩。**

但这显然是不可能的，这其实是对别人的完美主义。我们没有生活在完美的世界里，每个人都会有自己的问题。完美主义的人不光对自己高标准要求，还会对别人很严格，不能接受别人有瑕疵。**建议你观察一下，那些在你看来有很多问题的人，他们互相之间是如何和平共处的，你也许就会更明白，接纳别人的缺点，也是对自己的宽容。**

此外，当我们带着情绪看待社交的对象时，就会觉得对方很可

憎。比如，当对方的行为不符合我们的预期，或者惹恼了我们，我们就觉得他不怀好意。当对方说我们的不是，我们就觉得这人真挑剔，以后还是躲远点好。

但是当我们的情绪平静下来，再去看这件事时，就会发现事情好像不是这样的。**我们可能是因为感到了失望和愤怒，才启动了自我保护，而不去想事情究竟是怎么回事。**

还有时候，我们在社交中的自我感觉太糟糕，为了避免这种糟糕的感觉，就会归因于别人，也就是通过怪别人来缓解自责。比如，我们不敢参加集体活动，就觉得大家都在逞能或阿谀奉承，用看不惯别人来解释自己的不合群。我们假定如果自己表现出紧张，对方肯定会瞧不起我们。我们以此为借口逃避社交。

不知道刚刚讲的这些情况，有哪些触动了你，想要摆脱对别人的过度解读和负性观念，建议你做以下这两步。

第一步，理解和善待自己的感受。当你渴望得到别人的善待却得不到，甚至受到别人的批评时，要体恤自己的难受。一旦你能真诚地对待自己，理解并接纳自己的感受，就能够置身事外，更加客观理性地看待社交中发生的事。

比如，你可以先安慰自己说：**"他说我讲得不对，我很难过，还有点生气，好像被攻击了。"**先不急着反驳或给对方贴上什么样的标签，而是和自己的感受待一会儿。然后把自己放在旁观者的角度去思考：**他讲得是不是有些道理？他是不是只对事不对人？**提醒自己回归到理性上。如果你心里还是有一些声音冒出来，觉得对方真麻烦，或者自己真糟糕，尝试带着同情心和友善的态度问自己：**“对方的做法让我不舒服，不过我们一起来看一看，这些感受背后有什么样的观念？这样的看法有没有不合理的地方？”**

第二步，带着真诚地想帮自己的态度，问自己下面这些问题。

1. 他这么对我，真的是不友好吗？我有哪些证据能证明这个人是不友好的？

2. 他不理解我的可能性有多大？他故意挑我毛病的可能性有多大？

3. 我是不是过度解读了他的话或表情？如果是，我可能是因为什么原因？

我们的思维模式往往是固化的，不容易认识到其歪曲或不合理之处。通过问自己这些问题，有意识地细思慢想，就能够发现自己对别人可能有哪些误解。

其实，想要想清楚这些问题，还需要一项能力就是换位思考。你需要注意的是，如果思路受到阻碍，试着把自己放在对方的角度上去想，往往就会恍然大悟。

那么，如果你觉得对方的确不友好，除了逃避，还可以怎么应对呢？这里我给大家七条建议。

第一条，学会关注自己的内心。无论你多用心，有些人还是会不友好，这时你要关注自己此时此刻的感受，而不是想着对方有多讨厌。有时候我们不喜欢一个人，其实是出于对自己的不满。对方只是制造了那个触发按钮，而你才是按下按钮的人。找出让你感觉不快的触发点，你也许就会有不一样的感受。要记住：**改变自己比改变别人要容易得多。**

第二条，宽容对方。不友好的人其实往往没什么朋友，也缺乏爱和安全感，他们的内心很脆弱。所以当他们与陌生人接触时，要么表现得很冷漠，要么像刺猬一样攻击别人，其实这是他们用来掩饰内心的不安全感而做出的防御姿态。这时，你要有耐心，**用自己的微笑和大度去包容他们。**

第三条，查看自己的预期。交往中对别人抱有不现实的预期是很常见的事。我们可能期望别人按我们所想的那样去做，但这是不现实的。如果别人的不友好让你不好受，那么适当调整你的期望。这样你就**对别人的行为有了心理准备**，不至于感到惊讶和慌乱。

第四条，坦陈自己的感受。如果有些人总是惹毛你，这时你需要冷静处理，避免责问或针锋相对。你可以选择合适的时机，去表达自己的感受，试着和对方说“当你怎样做的时候，我感到如何如何”。例如：“当我在表达我的看法时，你喜欢反驳我的观点，这让我很不舒服。”有时候**鼓起勇气沟通一次**，就可以换来很长时间的自在相处。

第五条，多观察一会儿。有时我们并不一定能够完全看得到对方在做什么，不清楚对方真正表达的含义。比如，你在向上司汇报工作时，对方突然打断了你，你会责怪领导不重视。但这可能是因为上司有更紧急的事情要处理，而你却忽视了这一点。这在心理学上叫**无意盲视**。交往中无意的忽视往往导致我们出现误会和摩擦。

如果能够多观察一会儿，就可以少些误会。

第六条，深呼吸放松。当别人的不友好让你感觉愤怒或紧张不安时，做一下前面我们介绍过的深呼吸放松，可以有效地帮你冷静下来。

第七条，拉开与对方的距离。如果对方是一个很难缠的人，采用什么方法都不管用。那么与他保持距离，适当回避，也是一种良策。

这些建议供大家参考，最重要的还是要在实际交往中尝试和探索。

- 本节课后作业 -

到一个不太常去的地方问路，要找 8 个人。如果你觉得实在困难，也请尝试至少找 5 个人。中间要有一定的时间间隔，不要让他们看到彼此，不然可能别人会觉得很奇怪。这些人里，有人会不理你，有人会敷衍你，有人会很热情。记录所遇到的不同回应，以及自己的感受，并尝试分析一下背后的原因。当然，记得要有安全意识，不要跟随陌生人去其他地方。

LESSON 7 第七课

做出承诺：你有足够的勇气做出改变吗？

- 本节课你将掌握 -

一、为什么改变这么难？——心理舒适区

二、激发你改变的动力——寻找价值

1. 价值和目标的区别与联系

2. 找到你在社交中渴望的价值

在前面的课程中，大家已经知道，逃避也好，强行克服恐惧也好，往往都不能解决问题。因此，我们学习了一些新的方法，比如正念觉察自己的焦虑和恐惧，尝试去接纳它们；识别自己的各种自动化想法，尝试去纠正它们。

有些人会觉得，虽然这些方法有些效果，但还是不自在。也就是说，做练习时可以，但真实的社交还是不行。**为什么改变这么难呢？这是由于一个重要的心理机制——心理舒适区造成的。**所谓心理舒适区，不是指熟悉的环境，而是指我们熟悉的应对环境的方式。当我们习惯了遇到领导就逃，习惯了和人说话不看眼睛时，碰到类似的情况，就会自动沿用同样的方式做出反应。

心理舒适区看起来并不舒服，但它能带来两大好处。一是能暂时消除焦虑和恐惧。这一点比较容易理解，逃离了那些会让我们感到焦虑和恐惧的环境，心里自然舒服多了。但我们提到过，这种好处是暂时的，时间一长却会付出巨大的代价。

二是能给我们控制感。"控制感"是每个人的基本需要，也是安全感的来源。我们越是感到焦虑，就越需要有控制感，越会抓着原来的应对方式不放。也就是说，虽然我们又一次选择了逃避，但总好过我们完全不知所措。

很显然，心理舒适区就好像是一顶自欺欺人的面具，罩住你，阻断了其他可能。所以，想要解决困扰你的问题，就意味着你必须走出心理舒适区。

那该怎么做呢？**每个有社交恐惧的人都有改变的动力，但这股动力是否足够强却是有待考量的。**

请你先问问自己，你想摆脱社交恐惧的目的是什么？你可能觉得就是不再紧张，或者不回避对方的眼神，又或者能顺畅地交谈，等等。你发现了吗？当你关注这些目标时，你就更容易察觉到自己的问题，比如我怎么又紧张了，我又想回避对方的眼睛了，或者我又不知道该说什么了。接着就会自责，自己给自己泄气。

其实，真正能促使你改变的动力，不是这样的目标，而是更深层的愿望。

这里所说的愿望是指什么呢？你可以问自己这些问题。

通过社交，你想得到的是什么？

在你的内心深处，什么是最重要的？

你想成为什么样的人，有怎样的表现，有哪些优势和品质？

这些内心愿望就是我们内心想要与外界和自己互动的最深层的欲望，有一个比较专业的名称是“**价值**”。就像你在旅行中，指南针给你一个方向，并保证你沿着这个方向前行。价值也在我们生命的旅途中发挥相同的作用，我们用它来选择想要的方向，并沿着这个方向不断前进。

那它与目标有什么区别呢？

首先，价值远比目标更强有力，因为它更根本，是我们真正想要的东西。

举个例子，比如“爱”和“结婚”的区别。如果你想成为一个有爱的人，这是一种价值，你就会按照某种方式来生活。但如果你想结婚，这是一个目标，你会找一个适合结婚的人结婚。即使你完全忽略了关于爱的价值，你照样可以实现结婚的目标。如果你可以让自己用喜欢的方式去爱人，即使没结婚，也是可以的。你可以去爱朋友、爱家人、爱邻居、爱宠物，当然还可以爱自己。这也是当下很多年轻人纠结的一点，既然结婚是为了幸福，当我不结婚同样可以幸福时，为什么还非要结婚呢？可是很多长辈不能理解，他们把目标等同于价值。

再如找工作。你想要一份好工作，这是一个目标。但工作总没有完美的，怎么评判好坏呢？很多人会在这一点上感到迷茫。比如，这份工作待遇好但发展差，另一份工作更辛苦但有意思，你该怎么选择？这时就要问问你追求的价值是什么。如果你更看重物质回报和体面的生活，那就选前者。如果你想成为一个不断迎接挑战的人，那就选后者。当你明白自己想要的价值时，就更能抓住重点，做好取舍。

类似地，每天去健身房锻炼两小时是目标，而让自己有个健康的身体是价值。考上大学是目标，而学知识、提升能力是价值。

那么**对于社交恐惧来说，减轻紧张不安是一个情绪性的目标，而受人欢迎则是价值。因为只是社交不紧张，对你来说不是最重要的，它并不是你最终想要的，你想要的是给别人留下好印象，有一个良好的人际关系，不紧张只是你设想的一个途径而已。这样一想，你是否感到紧张，与你是否逃避社交，哪个更该关注就不言而喻了吧。**

其次，追求价值更幸福，因此让人更能坚持。

价值往往指向一个长期的过程，是方向不是结果。而目标指向未来，是一个终点。那些完全围绕目标生活的人，会很容易有缺失感和挫折感。因为他们总是在寻找未来，当目标实现了，他们就为下一个目标奋斗；而当目标没实现，他们就会感到很气馁。他们看起来很忙，很充实，但静下心来，却发现内心是空洞的。

而且，因为他们的目标指向未来，这往往意味着他们不能接纳当下的自己。其实这是在逃避现在，逃避面对自己的问题。这些问题早晚都会阻碍他们实现目标。

而围绕着价值的生活，就是价值始终都在，你能享受过程的快乐，这样的生活更加充实且有意义。

举个例子，假如你喜欢爬山，当你到山脚下时，有人过来问你的目标："你打算去哪儿？"你回答："眼前这座山的山峰。"他说："我有直升机，能载你到目的地。"你欣然答应，很快就到了山顶。这时，你会有什么感受呢？如果你登山的目标只是到山顶，时刻想着如何实现目标，也就失去了整个过程的乐趣，你发现爬山不过如此，再也不爱爬山了。因为你忽视了价值，所以失去了一项爱好。

这和工作类似。如果你想要的只是这份工作而已，那么你被录用了，你的目标就完成了。接下来，你可能会产生职业倦怠，当遇到问题时就会抱怨。可是，如果你想要的是成为一个积极进取、在某个领域有建树的人，遇到问题你就会更勇敢地去面对，把它当作机遇和挑战。

从这个角度来说，**追求价值更有利于你实现目标。当你希望自己有良好的人际关系时，你就会积极参与社交，哪怕感到紧张不安也不会退缩，只要你前进了一点，就鼓励自己。你可能依然会感到不舒服，但是在一次次尝试之后，不知不觉中你就会发现自己的症**

状减轻了。而当你希望自己不要紧张时，但凡遇到一丁点紧张，你就会立刻回到心理舒适区。这两者带来的动力是截然不同的。

所以说，澄清你的目标背后究竟想要怎样的价值，可以帮你看清行动的方向。

我有一个来访者，他的问题是在人多的时候容易感到紧张，并且心跳加快、手心出汗，说话的声音越来越小，以至于旁边的人都听不见他说话。他觉得很丢脸，认为自己胆小无能。后来他尽量不去人多的地方，导致生活受到严重影响，内心也很孤单。这个问题困扰了他很多年。

他希望可以顺畅地表达自己的想法，就开始朝这个方向去行动。比如，他在单位吃饭时，原来经常是躲在某个地方一个人吃饭。现在他能鼓起勇气和同事们凑在一起，鼓励自己插上嘴说几句话。刚开始要说的时候，他会感到很紧张，说着说着声音就变小了。这时他会有自己很糟糕的念头冒出来，因此变得更焦虑。

我想这是很多人都会遇到的问题，大家都很想知道该怎么办。**其实，解决任何问题都没有捷径，并不存在什么立竿见影的方法。但是，你能够关注你想要的价值，强烈地渴望得到它，自然就能度过前面这个艰难的转折期。**

那么，这个来访者该怎么做呢？他开始正念觉察，注意到自己紧张了，然后告诉自己，没关系的，这些都是正常反应，重新展开自我对话，用前面课程中讲过的方法，觉察自己有哪些负性观念又跳出来了。他说：“我注意到自己的紧张，并且说话颤抖，也看到别人发现了我的问题。但我不管这些，我只专注做我最想做的事，就是表达自己。虽然别人都看着我的时候，我还是会觉得不舒服，但我感受到了自己的勇气，并为自己能够大声说话而感到高兴。”

改变从来都是一个痛苦的过程，不是一蹴而就的。当你专注于你想要的价值，就能更好地坚持，不把问题当问题。当你不断地行动，并在行动中觉察，你的错误认知就会逐渐瓦解，你的社交技能也会不断提升。

- 本节课后作业 -

请你在接下来的三天里，每天用20分钟做以下思考并记录下来。

第一，思考自己的恐惧和逃避如何影响了你生活的两个方面，一是人际关系，二是工作、学习和家庭生活。

第二，在笔记本新的一页最上面，写下“人际关系”，回顾你在上一步写下的内容，澄清什么关系对你来说最重要。选择你比较重视的两种到三种关系，在接下来的几周中重点关注这几种关系。确保你的选择能反映你最重要的感觉，而不是其他人的感觉。

同样的程序，在“工作、学习和家庭生活”方面，找两个到三个你打算重点关注的内容。确定你的选择反映了你最看重的事情，而不是你逃避的那件事情。

如果你发现你不能确定，也没有关系。在以后的日子里，当你带入正念的态度去觉察时，就会发现什么事情对自己来说是最重要的。

这份作业，请你把它当作送给自己的邀请函，邀请你做出一个承诺，承诺自己会去改变、去行动。

LESSON 8 第八课

制定目标：你可以如何达到社交自信的目标？

- 本节课你将掌握 -

一、制定基于价值的目标

注意五个标准：具体的、有意义的、合适的、现实的、有时限的

二、采取正念的行动

1. 行动前的三个建议：公开承诺、先迈出一小步、摆脱自责
2. 在正念的行动中学会接纳，注意四个要点：即观察、允许存在、正常化、扩展觉察

不知道你是否探索了在社交恐惧的背后，你想要的价值是什么，也就是知道什么事情对自己最重要。当你澄清了内心深层的愿望后，就能激发自己改变的动力。如果你希望成为一个善于社交的人，那

么就请你关注你的每一次社交是不是比上一次有进步，如果偶尔一次很糟糕，则可以把它看作你提升的契机。如果你希望能大方地展示自己，那么就请你鼓励自己大胆去表达，不管现在表达得够不够好。

找好价值后，下一步就是承诺行动。这分为两部分，一是制定目标，二是采取行动。

你要在价值的指引下，制定好自己的目标。就像上节课所讲，围绕价值的生活并不是说就不要目标了，那样只会变成纸上谈兵。要围绕着你的价值，制定一个个切实可行的目标。

这里介绍一下 SMART 目标法，也就是基于价值的目标可以从五条原则入手，SMART 是这五条原则的英文首字母。

第一是具体的（specific）。你的行动要具体到什么时间、在什么地方、和谁、怎么做。比如，“我要和陌生人多接触”，这样的目标就太模糊，你很容易就找到借口不去做，或者不知道该从哪儿着手。比较具体的目标是“每天吃完晚饭后去散步，与路边小贩说上几句话”。这样的目标容易操作，也方便你确认自己有没有完成。

第二是有意义的（meaningful）。这里其实就是检查你的目标是不是基于价值。如果你只是在遵从呆板的规则，比如认为与人说话不能躲避眼神，否则就不礼貌，那这个目标就没有意义。或者你只是为了取悦别人，比如刚到一个新公司，看同事们聊得热火朝天自己却插不上嘴，担心别人会不喜欢自己，因此强迫自己加入进去。这个目标也不行，因为它脱离了价值，就算强行加入又怎样呢？

第三是合适的（adaptive）。看一看目标是不是能帮你实现价值，也就是你达成这个目标后，你的人际关系、生活品质是不是有改善和提升。我们很多时候初衷是明确的，但是做着做着就忘了初衷，行动违背了目标。还拿刚才那个职场的例子来说，你的本意是融入新的团队，但如果你强忍着不舒服去附和别人的话题，不见得别人就会很快喜欢你，他们反而可能会觉得你很奇怪。作为新人你有一点羞涩和腼腆，反倒是大家都能理解的。你看，有时候你的目标其实就是一种执念，对实现价值不见得有好处。

第四是现实的（realistic）。目标应该是现实可行的，要考虑你的个人特点、身体情况、时间、经济等因素，看看你是不是有能力实现目标。比如，你害怕在人多的场合发言，你的目标是在半年内能像演说家一样侃侃而谈，这可能就不太现实。

第五是有时限的（time-framed）。最好能具体到某个时间，如果不行，也请尽可能精确地制定一个时间范围，这样可以防止自己犯拖延症，日复一日不行动。建议你制定不同阶段的目标，比如最近的是直接目标，就是一些小的、简单的目标，能在 24 小时内完成的事情。接着是短期目标，就是能在几天内或几个星期内完成的事情。然后是中期目标，就是能在几个月内完成的事情。最后是长期目标，就是能在一年或几年内完成的事情。

这就是目标要满足的五个条件。需要提醒你的是，如果你不能完全确定，比如不能确定当下这个目标到底是否合适，是否现实，也没关系，先按照它行动起来再说。这五个条件是供你制定目标时仔细考虑的要点，但千万不要把它当作你推托行动的借口。有些不能完全确定的地方，在行动中你自然会更加清楚。**请记住，行动比什么都重要。**

制定好目标，接下来就是针对这些目标采取正念的行动。

我们在前几节课反复讲到正念。一方面，我们要有意识地觉察当下的体验；另一方面，我们要接纳自己的焦虑和恐惧。很多朋友可能觉得知道容易做到难，虽然感觉挺有用，但具体怎么用还是有点没把握。这也是我希望本书能够教给大家的，我希望大家不只是知道，还真正会用。

也许大家在这段时间的实践中会出现几种情况。比如，好不容易鼓足了勇气去做，但是真的要跨出第一步时，又有了畏难情绪。或者在行动中，紧张到难以忍受就中途放弃了。当然，我相信也有不少朋友可以坚持去做，而且能够体会到自己的情况有了好转。对此，我很为你开心，也请你感谢自己的努力。

改变是不容易的，而且需要时间。所以给你三个建议。

一是，你最好能做一个公开承诺，广而告之，让你的父母、你的朋友知道你要做的事。因为相比于私下的承诺，人们更喜欢兑现公开的诺言。

二是，如果你的情况比较严重，尝试先跨出一小步。比如，你长时间躲在家里不出门，可以先让家人陪你一起去商店，你不用和任何人打交道，只是近距离观察别人是怎么对话的。尽管跨出第一步很艰难，但“千里之行，始于足下”。有了第一步的收获，就能够带来持续的行动。

三是，当你遇到没达成目标的情况时，会不会感到很沮丧？每个人，包括我都有过这样的经历。怎么面对自己的失败，是我们生活中最大的挑战。面对失败，我们很容易陷入自责，但请你告诉自己，自责是没用的，能让我们改变的是**友善地原谅自己，然后行动起来，而不是一味地责备自己。**

下面，请跟随我做一个正念的练习。

现在请你坐好，感受一下自己的姿势是否舒适，做一些必要的调整，让自己处于最舒服的姿势。

现在请你闭上眼睛，回忆一下最近几天的社交中，让你感到情绪反应比较强烈的那一次，尽量让它在你的脑海里清晰地浮现出来。社交发生在什么地方？都有哪些人在场？发生了什么？把你的注意力放在脑海中的画面上。

当时，你有哪些情绪感受？身体又有什么感觉？当你正体会这些感受的时候，你的大脑中出现了什么想法？你做出了什么反应？

请你慢慢睁开眼睛，回到现在。

请你回答两个问题，当你有不舒服的感受时，你是不是不由自主地有股排斥它的冲动？你是不是采取了逃避的行为反应？

我猜多数人都会回答“是”，因为这是你原来的惯性反应模式。**而你要学习的是去接纳它们，就是允许我们的想法和感受按照本来的样子存在，不管是愉快的还是痛苦的。**

可能有些人还是不理解接纳的意义，觉得这似乎意味着屈从、妥协，或者忍受，甚至喜欢它。当然不是！屈从意味着我们并不愿意接受这些体验，但我们感到无助和无能为力，只能消极地忍耐。**接纳则是一种允许，一种积极参与，愿意用开放的姿态去体验，顺其自然**。当我们能做到接纳这些惯性反应时，就能真的扭转它们。

做到这一点并不容易。大多数人会感到不习惯，不能接受什么也不做，总想着要抗争，一下子就走出痛苦。

这里，我再借用13世纪的一首诗，帮助你更好地理解接纳。这首诗出自诗人鲁米，名字叫作《客栈》。

人生就像是一家客栈
每个早晨，都有一位新来的客人
喜悦、沮丧、卑鄙
一瞬的觉悟来临
就像一个意外的访客
欢迎和招待每一位客人
即使他们是一群悲伤之徒
来扫荡你的客房
将家具一扫而光
但你要款待每一位宾客
他或许会为你打扫
并带来新的喜悦

如果是阴暗的思想、羞耻和怨恨

你也要在门口笑脸相迎

邀请他们进来

无论谁来，都要感激

因为每一位都是

由世外派来

指引你的向导

不知道你听这首诗的时候有什么感想。我曾经在工作坊中也请学员们听，有人说：“为什么面对沮丧、焦虑和恐惧，我还要做个慈祥的主人呢？我想用‘门闩和挂锁’把这些‘客人’挡在门外，再额外放把椅子在门口，让这些情绪离自己远远的。”

这就像很多人，虽然知道接纳是有用的，但第一反应还是会抗拒。请你觉察你在社交恐惧的时候，是怎么对待自己的紧张不安的。包括在生活中的其他事情上，你都可以去仔细觉察，你是怎么对待各种负面的情绪和想法的。

接纳并不是让你一定要喜欢痛苦的想法和感受，就像客栈老板并不一定非要喜欢每个入住的客人。但是，他会平等地对待每个客人，不会让客人吃闭门羹！他会心怀敬意地款待每个客人，迎接每个客人进门，他们愿意住多久就住多久，当他们离开的时候就送他们走。我们是不是可以用相同的方式对待那些造访我们心智的“客人”呢？

虽然我们不喜欢那些负面的情绪、感觉和想法，但当我们有意识地开放怀抱，允许它们停留一会儿，放弃与它们斗争时，就避免了拼尽全力去消灭它们的痛苦挣扎。这样就走出了原来的恶性循环。

需要注意的一点是，我们说的接纳有两个前提。一是，我们没办法控制某些想法和感受，或者不能完全控制。二是，虽然我们能够控制它们，但是这会很累，会降低我们的生活质量。比如，有时心情不好，我们适当调节一下就能让心情好起来，那就很好。但如果这种坏心情很强烈，排解不开，甚至影响我们做事，那就需要去接纳它了。

回到社交恐惧上来，**你可以带着对接纳的新理解，继续做刚才的正念练习**。以下是正念练习过程中的要点。

第一个要点是观察。要接纳，首先就要注意到它。你要像一个好奇的科学家一样去观察你的感受。注意这种感受在哪里，在身体哪个部位最强烈，可以把注意力集中在感觉最强烈的地方。

第二个要点是允许存在。不管是情绪还是身体的感觉，带着温和的态度去陪伴它。给它一些空间，暗示自己说：“尽管我不喜欢这种感觉，但是就让它在那里待一会儿吧。我可以和它共处，不管它是什么，我可以尝试去包容它。”

第三个要点是正常化。就像前文所讲的，认识到自己的这个反应是很正常的，可以更好地接纳它。与此相反，如果你认为，一般人都不会有这种感觉，一定是什么地方自己错了，那你就不容易去接纳。所以你可以提醒自己：这些感受很正常，不喜欢这些感受也很正常，既然它们已经存在，就让它们顺其自然吧。

第四个要点是扩展觉察。我们有时候可能需要专注于我们的感受，但是如果过分专注在自己的感受上，可能会妨碍我们进行社交活动。这时，就需要我们分一点注意力到自己周围的环境上。

- 本节课后作业 -

实践正念的行动。请你按照第四课的方法进行正念呼吸，当你觉得比较平静之后，回忆最近一次你感到焦虑的社交场合，置身其中去感受。然后用书中讲到的关于接纳的四个要点，去细细体会。做完练习后，把自己的体验记下来。

LESSON 9 第九课

视线恐惧：惊恐的目光该在何处安放？

－本节课你将掌握－

一、完整的解决方案

1. 回顾上节课的步骤：寻找价值、制定目标、做出承诺、实施行动

2. 本节课重点补充：关于目光接触的几点建议

二、助力工具：社交日记

1. 记录的两种方式

2. 及时奖赏自己

3. 懂得反思问题

视线恐惧，是指人们在社交中不能自然地进行眼神交流，主要

有对视恐惧和余光恐惧两种类型。

对视恐惧就是，与别人交谈时，不能直视对方的眼睛。即使勉强对视，也躲躲闪闪，一扫而过。有的人说，自己和别人对视时会内心慌乱，脑子一片空白，说不出话来，感觉对方的目光流露出“疑惑、生气、反感甚至仇视”的意思。有的人坚信自己的目光太刺人、不柔和，会让对方局促不安，表情难堪。

余光恐惧就是，用眼睛的余光看人，尤其是看异性时，会感到紧张不安。有这个困扰的人会感觉双眼正视前方时，自己的眼光发散，注意力总是会被旁边的东西吸引，而这个东西常常是异性或异性的胸部、阴部。因为本来就感到不安，只好偷看一次以求放松，但余光又导致精力分散，难以自控，更加不安。有些人因此不能听课，只好在课桌两侧垒上两堆书或用手捧着脸挡住余光，来帮自己集中视线。还有的人先是不敢与别人对视，只好用余光看人，然后余光看人就成了主要症状。

其实，我们平常都不会特别注意自己眼睛的动作，就像呼吸一样，我们从来不会刻意关注自己的呼吸。也好像吃饭，它是一个很自动的行为，我们不需要去想每一步要怎么做。**视线恐惧的问题根源不在于你不敢看对方，或者眼睛总是乱瞟，而在于你太在意，太把这些当成问题。**

如果你刚好有视线恐惧的问题，那请你认真阅读本节内容，我们会讲到具体的解决办法。但如果你原本对这个部分没有太大感觉，就不要盲目对号入座。比如，你看完刚才的内容，开始想“那我是不是也有视线恐惧呀”或者是“原来没觉得自己有这个问题，作者这么一写，感觉我好像挺符合的”。那么，希望你明白，我们都有给自己对号入座的惯性，有时会给自己乱贴标签。

怎么判断你有没有视线恐惧呢？很简单，在阅读本节内容之前，如果你没有为此特别苦恼，那就是没有，与你表现怎么样没关系，以后你也不需要对此特别关注。

我们先来看一个案例，我曾经的一个来访者是这样描述自己的困扰的。

“在高中的时候，有一天上课时，后桌的同学突然叫我，我转过头刚好看见班主任在教室后门偷窥我们。见到她眼镜反光的那一刻，我感觉一阵心慌，好像自己做了天大的坏事一样。从那时起，对视恐惧就在我的生命里生根发芽了。我渐渐地开始害怕别人的目光，后来连家人的目光也害怕，不知道过了过久，我又有了余光恐惧，感觉很痛苦。

“再后来，我开始害怕社交，厌倦社交，就连从小一块长大的哥们儿也变得生疏起来。原因就是我和他们在一起的时候，会不由自主地紧张、头疼，感觉心很累。

“现在我工作了，碰上客户、领导，或者任何感觉比我优秀的人，我就会很紧张，眼睛不知道该往哪儿看。如果我硬撑着看别人，立马就感到我把别人也搞得很紧张，他们主动逃避我的眼神，或者开始反感我。但我不强迫自己看对方，就不能正常交流或开展工作，我又担心自己会给别人一种敷衍的感觉。因为这个问题，很多机会我都抓不住，几次升职都泡汤了。

“这个问题已经有 10 年了，其实我要求不多，从心底来讲，我不是很喜欢社交，只希望能在工作时和在亲友面前正常交流。”

这就是这个案例的情况，可以判断他有典型的视线恐惧，因为他在与别人进行眼神交流时会恐慌，并且严重影响到工作和生活。如果你也有类似的困扰，我想你肯定也很有感触。

那为什么他的问题会持续这么久呢？其中主要的原因就是他一直在逃避。就像我们前面反复强调的，逃避是你不能走出社交恐惧的根本原因。你可以觉察一下，你是不是也在逃避，又是采取了哪种逃避行为？

那按照前面我们学到的方法，你该怎么办呢？

首先，开始行动前，搞清楚你想实现的价值是什么，也就是知道什么事情对自己最重要。就像这个案例，他想要的价值就是在人际交往中能自然地表达。

澄清了价值后，就可以制定行动目标。根据他的情况，每天上班都需要和客户沟通，那他的行动目标就应该是：与客户沟通时要有正常的目光接触。

可能还是有人不太了解价值与目标在行动上有什么区别。其实区别就在于，价值能给你提供更强的动力，帮你更好地坚持。当你尝试去和别人进行目光接触时，能够感受到有一个更核心的愿望在激励你前进，而且能帮助你更好地接纳行动过程中的痛苦感受。

接下来，我让这个来访者做了一个公开的承诺，告诉自己的爱人自己有社交恐惧的问题，并且下定决心去解决。这是他第一次这么详细地和爱人说这个问题，过去他一直觉得自己的视线恐惧是一件很丢脸的事。也许你也有这种心理，觉得社交恐惧很可耻，不能让别人知道，哪怕是亲近的人也不行。请你也鼓起勇气和你最信任的人讲一讲你的决心，这也有助于你不再逃避。

如果你实在不愿意和别人讲，那就给自己一个承诺。**然后，开始真正的行动。**

在人际沟通中，我建议你在听对方说话时，直接注视对方的眼睛，这样会让对方感到你在很认真地听，而且态度很真诚。当然，不是直勾勾地盯着对方的黑眼珠不撒开，你可以时不时地**把范围扩大到整个脸部的上三角区**，也就是两条眉毛各自的中心和鼻子构成的三角区域，这样可以避免你过度紧张而导致对方尴尬。

而当你在讲话时，我建议你可以适当减少一些视线接触，有时你的视线可以短时间离开对方，这样方便你整理自己想要说什么。

一般来说，这些建议足够你应对视线恐惧了。如果你认真阅读了前面的内容就应该明白，社交技能其实对于克服社交恐惧来说并不重要，最重要的是你能够接纳自己的各种消极感受和想法，这样问题自然会得到改善。考虑到有些读者的问题可能比较严重，这里再补充一个建议，这个建议也特别适合余光恐惧的朋友。

如果你一刻也不敢直视对方的眼睛，那么尝试给自己布置一个小任务，就是寻找对方眼睛的特点。请你带着好奇心，就好像发现新大陆一样，去注意他的眼睛是什么颜色的，大小怎么样，两只眼睛对称吗，两眼之间离多远。如果对方戴着框架眼镜，观察一下镜框是什么形状的，镜片有多厚。再次见面时，可以观察得更细致一些。留意他的睫毛有多长，是直的还是弯的，是什么颜色，他的眼白多还是少，眼白里有没有血丝。你还可以留意对方在谈话时眨眼的频率是怎样的。如果对方是女性，可以留意她化了什么眼妆。

一定要记得，如果你在实践的过程中感到紧张害怕，或者身体不舒服，这是很自然的事。这时，你要提醒自己这是很正常的反应，带着温和、开放的态度去拥抱它，给自己暗示：尽管我不喜欢这种感觉，但是就让它在那里待一会儿吧，我可以与它和平共处。然后，把你的注意力重新引导到你们沟通的内容上。

达成目标需要一些时间，你可以记录社交日记，帮你对整个过程进行自我监测。也就是观察自己是怎么做的，感受如何，效果如何，并把这些记录下来。同时还要记下具体的时间和地点，就像写日记那样。你也可以用表格的形式来记录。每一栏的内容分别是：时间、地点、事件、情绪、身体感受、想法、你是怎么应对的、你怎么评价这次实践。当然，这个表格仅供参考，你可以根据自己的需要灵活决定社交日记怎么写。

时间	地点	事件	情绪	身体感受	想法	应对方式	自评

一开始，你可能需要一些努力来养成这个习惯，但请相信，这其实一点也不麻烦。而且你很快就会发现，社交日记可以帮你很清楚地评估自己的行动。比如，你哪一点的表现非常棒？哪一点需要改变？不知不觉中自己已经有了哪些进步？

还有，**当你表现得还不错时，哪怕只有一丁点进步，也要记得及时奖赏自己。**奖赏会让你做得更好，让你的信心倍增。不少有社交恐惧的人喜欢自责，吝啬对自己的赞美，我们在第五课里也提到过这个问题。这就需要你在社交中觉察自己，看看是不是这样。如果是这样，尝试做一些改变，就从写社交日记开始，学习多给自己一些积极评价。

奖赏的形式多种多样，可以是言语的，也可以是物质的，可以是真实的，也可以是想象的。比如，你可以对自己说“我今天做得很出色”“我今天有进步”，或者吃一顿美食犒劳一下自己、给自己买个东西等。想象奖赏是内心浮现一个令人愉快的情形，比如你可以尽情想象自己能够轻松自如地和他人交流，是多么惬意。**需要注意的是，自我奖赏一定要及时，延迟奖赏会使奖赏无效。**

如果你遇到困难，或者对自己的某一次表现不满意，这时不要认为自己就失败了，或者认定自己的方法不对。还记得我们前面讲过，要从多角度分析社交失败的原因吗？**回顾一下整个社交过程，检查一下问题究竟出在哪儿。**当你找到原因时，就能发现相应的解决办法。

- 本节课后作业 -

如果你有视线恐惧，就按本节课所学到的内容设计一个行动方案。如果你没有，也请设计一个针对你的问题的方案，准备好你的社交日记。

LESSON 10 第十课

脸红恐惧：容易心慌、脸红、不自然怎么办？

- 本节课你将掌握 -

一、森田疗法的基本理念

1. 问题产生——疑病素质

2. 问题发展——精神交互作用

二、森田疗法的解决办法：顺其自然，为所当为

1. 在实践中觉察这个恶性循环

2. 改变想得多做得少的习惯

3. 在社交日记中记录对这八个字的体会

脸红恐惧，就是在社交中心慌、脸红，感觉脸颊发热、发烫，并且怕被别人看出来，因此变得更紧张，恨不得把脸捂起来。我们

常说有些腼腆的小孩子，一见到人就害羞得脸红，这可能只是一句调侃，但对于脸红恐惧的朋友来说，脸红却是非常痛苦的。

我们先来看一个案例。这位男士是部队的一名战士，来找我咨询的时候 20 岁。两年前，他高中毕业，被部队招兵入伍。有一次，他突然被连队领导叫起来，在大伙面前发言，当时他没有心理准备，感到很紧张，不知道该说什么。有些战友就笑了起来，大家一笑他就更紧张了，脸涨得通红，感到非常难堪，觉得很丢面子。

从那以后，每当发言时，他就会注意自己有没有脸红，一感觉脸红就紧张，一紧张就更脸红了。后来他的问题越来越严重，发言时不由自主地就会脸红、心慌、全身发热，严重时四肢发抖、全身出汗。有时候，轮到他说话，哪怕他心里知道该怎么说，但就是说不出口，所以能不说就不说，躲不过去就结结巴巴地说完，说的时候满脸通红，说完后衣服都湿透了。他怕别人知道，于是努力去控制自己，但越想控制越控制不住。后来他有外出执勤的任务，执勤时要和陌生人说话，他也会紧张脸红。如果遇到年轻的女性，这种情况就更明显。

这位男士对自己要求很严格，觉得让别人看出自己的脸红和紧张是一件很尴尬的事，希望自己能和正常人一样。

以上就是这个案例的情况。我们可以判断出他是典型的脸红恐惧。

到这节课，我猜你已经可以很轻松地找到问题根源了。**脸红恐惧，其实就是恐惧脸红。脸红本身并不是问题，问题在于害怕自己脸红，不允许自己脸红，因而更加紧张，更控制不了自己脸红。**

前文已经讲了很多战胜社交恐惧的正确态度和方法，主要是基于接纳承诺疗法。这节课，我们将从森田疗法的角度，来看看怎么解决脸红恐惧的问题。

其实这两种方法是相通的，都是告诉我们要接纳自己的感受和想法，进而采取有效的行动，只是具体到理论解释和做法会有些差异。所以它们可以适用于任何类型的社交恐惧，你可以把这两种方法活学活用。

我们先来看看脸红恐惧是怎么产生的。不知道大家是否还记得我们在第二节课讲社交恐惧的原因时提到过，社交恐惧与性格有很大关系。有些人特别敏感，很怕出错，就更容易出现社交恐惧。我们之前讲到了完美主义，那这里介绍一个新的概念，就是疑病素质。

疑病素质，顾名思义，就是对自己的身心状态很敏感，总是怀疑自己有问题。这种人比较内向，容易多想，具有较强的自我反省倾向。但由于对自己的状态太关注了，反而被束缚。

这种疑病素质，是我们的一种性格特征，好像我们身体里安了一面放大镜，当我们有任何一点不足，它就让我们非常不安，好像是一个天大的问题。于是我们好像得了精神洁癖，立刻紧张起来，拿着放大镜到处找："我怎么搞的，怎么会这样？是不是我还有什么毛病呀？"

森田疗法把疑病素质看作各类神经症产生的原因。也就是说，如果你不那么敏感，可能偶尔一次脸红，或者偶尔一次口吃，随即也就过去了，你根本不会把它当回事。

那为什么有些人会有疑病素质呢？这与我们的成长环境有很大关系。比如，在你小时候，父母对你的要求很严格，你犯一点小错，他们就会严厉地指责你，这就让你觉得自己不能出错，必须表现得很好。还有些父母不太懂批评的方法，你可能确实做错了事，但他们没有就事论事地教育你，而是放大了问题。比如，你把东西弄坏了，他们就怪你太鲁莽，然后提到你学习不够用心，或者接着抱怨你太邋遢，东西不会收拾。让你不知道自己到底错在哪里，好像自己到处都是毛病。

这些经历，很容易导致你过分苛求自己，不能包容自己的不足，一旦发现问题就会抓住不放。

那疑病素质又是怎么发展成问题的呢？就像这位朋友，一开始只是偶尔一次脸红，但他觉得这不正常，然后就特别关注自己是不是又脸红了。因为太关注，结果在别人面前就更紧张，更想控制脸红，哪怕脸上只是正常的血色，也会觉得自己又脸红了。**森田疗法把这叫作精神交互作用。**就是某种感觉引起了你的注意，然后你对这种感觉就会变得更敏锐，而这种敏锐的感觉又会进一步吸引你去关注。**感觉和注意力交互作用，互相促进，形成恶性循环，导致这种感觉越发强烈，问题越来越明显。**

那要怎么办呢？森田疗法的训练原则，可以概括为“顺其自然”和“为所当为”两点。简单地说，就是对出现的情绪和症状不在乎，只关注自己的价值，去做应该做的事情。就好像我们俗话说的，“对待不安，既来之，则安之”。当你能够很好地坚持去做，你的问题自然而然就会逐渐消失。

结合上面这个例子，我们具体可以怎么做呢?

第一，就是寻找自己想要的价值，知道什么事情对自己最重要，这点和前面课程中提到的类似。然后制定目标，再围绕目标做正念的行动。

第二，要充分理解森田疗法的原理。看了前面的内容，你可能觉得有道理，但要真正改变自己的态度，还**需要在生活中持续进行自我觉察，用心体会这个恶性循环**。你需要在一次次实践中，真正认识到见人紧张和脸红是“适应不安”的一种体现。这虽然让人感到痛苦，却是我们不可缺少的一种本能。如果你只想着克服心里的不舒服，就会造成心理冲突，通过精神交互作用导致症状加重。

另外，你也可以读一些关于森田疗法的书，来加深自己的理解，我推荐**《森田疗法指导：神经症克服法》**和**《社交恐怖症的森田疗法》**。

第三，**一定要改变“想得多，做得少”的习惯**。和前面我们反复强调的一样，森田疗法也特别强调要去行动。脸红就让它脸红，紧张就让它紧张，但该见的人还是要见，在众人面前该说话的时候还是要说，不回避。因为当你真正去做的时候，就能把精力引到外部世界，防止对自己过分内省。就好像我们烦恼的时候会让自己忙起来，忙起来就顾不上去胡思乱想了，等我们再回头去想时，发现问题已经解决了。**你想去社交，那就只管去做，不要管自己做得好不好，这样就不会过分在意自己的各种症状，翻来覆去地想为什么自己会这样，该怎么办，不停地钻牛角尖**。这有助于打破精神交互作用，症状也会在不知不觉中淡化，甚至完全消失。只要你能行动起来，一定会有收获，这种自信的感觉和成功的喜悦，会进一步帮你打破恐惧。

更进一步，如果你真的很想改变，除了不回避，我建议你最好能主动争取机会锻炼自己。就像我刚才讲的这个案例，我建议这位男士有意识地多和战友交流，开会时主动发言，而且要尽量多地接触陌生人和异性，天天在“事上磨炼”，功到自然成。

在开始这样做时，你可能很痛苦，因为内心还是很焦虑。而且往往症状会有波动，可能有几次不那么脸红了，可是没几天又变成老样子。这个时候，请你提醒自己坚持做下去，哪怕有紧张、有脸红，也完全可以带着这些和别人见面、谈话。社交时，注意自己要做什么，而不是自己是不是又脸红了，又紧张了。只要坚持做下去，你会发现症状在不知不觉中就减轻了。原来自己想方设法要消除脸红，想等不会脸红了再与人接触，其实是不必要的。过去为此苦恼，是因为你老是在脑子里想而不去做。为所当为，就是该做什么就马上去做什么，尽管痛苦也要坚持。

除了以上这三个建议，**我还建议你通过记日记，帮自己用心体会“顺其自然，为所当为”这八个字。你可以在写社交日记时，写下你对这八个字的体会。**

时间长了你会发现，这些行动促使你的性格也发生了改变。比如，鼓励自己社交能让自己变得更主动，不那么内向；接纳痛苦的感受，也是在挑战完美主义的性格，你在不知不觉中就不会过分苛求自己。

-本节课后作业-

按照森田疗法的观点，去真实地与人社交，并记录实际行动的感受和体会。

LESSON 11 第十一课

躯体表征：发抖出汗会不会被别人发现？

- 本节课你将掌握 -

一、重新看待自己的发抖出汗

交感神经系统和副交感神经系统

二、四种放松法

1. 渐进性肌肉放松

2. 自主性放松

3. 想象性放松

4. 暗示性放松

很多人在社交恐惧发作时，身体往往会有不舒服的反应，比如前文讲到的脸红，还有心跳加快、呼吸困难、手脚发抖、手心出汗。

不少朋友还会频繁地想上厕所，频繁地想喝水，或者肚子咕咕叫。有时候，这些反应会让人觉得很尴尬。这节课我们就来聊一聊该怎么应对这些反应。

我们已经知道，焦虑和恐惧是每个人都会有的自我保护本能，是身体启动了“战斗或逃跑”反应。这些躯体表征其实就是“战斗或逃跑”反应的表现。那么它的内在机制是怎样的呢?

当我们感到压力或危险时，大脑就会发送信息到**自主神经系统**。它有两个分支，分别叫作**交感神经系统**和**副交感神经系统**。交感神经系统就是“战斗或逃跑”反应的核心。如果把我们的身体比作一辆车，交感神经系统就像是油门，它会释放能量，为行动做准备，方便我们及时做出反应。副交感神经系统就像是刹车，它防止我们过分反应，帮助身体恢复到正常状态。只不过，我们很多时候驾驭不了这辆车，因为自主神经系统遵循本能的指引，很难直接去控制。

所以说，我们的各种身体反应就是因为交感神经系统在活跃。它为了给身体供氧，需要你大口呼吸，所以你会感到呼吸急促、胸闷心慌。它要给你的肌肉充血，所以会分泌肾上腺素来扩张血管，这时候你就会脸红。如果你的反应更激烈，肾上腺素分泌太多，反而会收缩血管，这时候你就会表现出被吓得脸色煞白。手脚发抖，也是因为它让你的肌肉拉紧，方便你战斗或逃跑。说话结巴，也与发音器官的肌肉拉紧有关。有些人紧张时会感到口干舌燥，或者胃不舒服，这是因为身体的能量都被调动到肌肉上去了，消化系统的活动能力下降。

从这个角度去看你的各种身体反应，有没有觉得它很可爱呢？就像我们着凉的时候会发烧，虽然这让我们不舒服，却是为了保护我们。和大家讲这些，并不是为了让你去掌握这些生理机制，而是让你能够以正确的态度来看待它们。当你转变了态度，就不会觉得那么不舒服，也不会被它们吓到了。

我做心理咨询的时候，经常有人问我："除了正确地看待，还有什么其他方法呢？"我想这也是你现在很想问的问题。

我这里推荐给大家几种放松技术，可以帮你唤醒副交感神经系统，让身体平静下来。前面让大家练习的深呼吸法，就是其中一种。现在我再介绍几种其他的放松法。

第一种放松法是渐进性肌肉放松。它的做法是先让你的肌肉紧张，然后再放松，在这种反复交替的过程中，你可以充分体验紧张和放松两种不同的感觉。有了对比，我们对这两种感觉会有更深的体会，从而帮我们更深入地进入放松状态。我们现在来做一下这个练习。

请大家做一下准备。找一个舒服的姿势坐好，轻轻地闭上眼。

我们先从上肢开始。请把注意力集中在右上肢，用力紧握右手，握紧，再握紧，迅速放松右手，体会放松后的感受。再来一遍，用力紧握右手，握紧，再握紧，迅速放松右手，体会放松后的舒服感受。弯曲右臂使右上臂紧张，再紧张，迅速放松右臂，体会放松后的感受。再来一遍，弯曲右臂使右上臂紧张，再紧张，迅速放松右臂，体会放松后的舒服感受。请把注意力集中在左上肢，用力紧握左手，握紧，再握紧，迅速放松左手，体会放松后的感受。再来一遍，用力紧握左手，握紧，再握紧，迅速放松左手，体会放松后的舒服感受。弯曲左臂使左上臂紧张，再紧张，迅速放松左臂，体会放松后的感受。再来一遍，弯曲左臂使左上臂紧张，再紧张，迅速放松左臂，体会放松后的舒服感受。

现在你的两臂已经完全松弛了，你会觉得双手很轻松，两臂松弛地垂在身体两侧，不想动了，感觉非常舒服。

请把注意力集中在面部，尽量睁大眼睛，扬起眉毛，使额头肌紧张，再紧张，迅速放松，体会放松后的感受。再来一遍，尽量睁大眼睛，扬起眉毛，使额头肌紧张，再紧张，迅速放松，体会放松后的舒服感受。用力闭紧双眼，使眼皮紧张，再紧张，迅速睁眼，放松眼皮，体会放松后的感受。再来一遍，用力闭紧双眼，使眼皮紧张，再紧张，迅速睁眼，放松眼皮，体会放松后的舒服感受。用力咬紧上下牙齿，咬紧，再咬紧，迅速放松，体会放松后的感受。再来一遍，用力咬紧上下牙齿，咬紧，再咬紧，迅速放松，体会放松后的舒服感受。

现在你的头部已经放松了，头部很舒服。做几次深呼吸，去感受头部放松后的乐趣，你会觉得非常舒适。

请将注意力集中在肩部和胸部，两肩用力向后张开，向后，再向后，用力使整个肩膀、胸部紧张，两肩迅速放松，自然下垂，体会放松后的感受。再来一遍，两肩用力向后张开，向后，再向后，用力使整个肩膀、胸部紧张，两肩迅速放松，自然下垂，体会放松后的舒服感受。两肩用力向内收缩，缩紧，再缩紧，两肩迅速放松，自然下垂，体会放松后的感受。再来一遍，两肩用力向内收缩，缩紧，再缩紧，两肩迅速放松，自然下垂，体会放松后的舒服感受。

请将注意力集中在腹部，收缩腹肌，用力收缩，迅速放松腹肌，体会腹部的松弛感。再来一遍，收缩腹肌，用力收缩，迅速放松腹肌，体会腹部的舒服感。

请将注意力集中在下肢，将趾尖用力向下压，使脚背肌肉紧张，再紧张，迅速放松，体会放松后的感受。再来一遍，将趾尖用力向下压，使脚背肌肉紧张，再紧张，迅速放松，体会放松后的舒服感受。将脚趾跷起指向你的脸，用力，再用力，迅速放松，体会放松后的感受。再来一遍，将脚趾跷起指向你的脸，用力，再用力，迅速放松，体会放松后的舒服感受。绷紧两条大腿、小腿肌肉，用力，再用力，迅速放松双腿肌肉，再放松，体会肌肉放松后的感受。再来一遍，绷紧两条大腿、小腿肌肉，用力，再用力，迅速放松双腿肌肉，再放松，体会肌肉放松后的舒服感受。

请做一次深呼吸，注意体会你的全身都放松了，全身沉浸在松弛带来的温暖的感受之中，你享受到无比的舒适带来的乐趣。你的身体继续放松，全身处于放松带来的平静的愉快之中。

深呼吸一次，慢慢地睁开双眼，你现在感到精力充沛，心情轻松，头脑清醒，心旷神怡。活动一下四肢，慢慢地站起来。

这是一个简单的体验，不知道你的感觉如何。**很多人可能因为第一次做，感觉自己不够放松，这是很正常的。**这个方法与深呼吸放松一样，需要你多次练习才能掌握要领，所以建议你最好每天都能练习一次到两次。**你可以按照刚才的内容反复练习，当然也可以自己念指导语，把它提前录下来，**这样练习起来更容易一些。只是你要注意，说话的速度要缓慢，声音要柔和。

当你能做到让自己完全放松，就可以根据你的需要简化这个程序。比如只对你感到紧张的部位做放松，可以在不同的地点做，可以用不同的姿势做。这样，你就可以在需要的时候灵活地运用它。比如，第二天你要做报告，前一晚很紧张，那你就可以做这个练习，然后鼓励一下自己，带着这种放松的感觉入睡。你也可以在社交中做，比如当你紧张得手发抖时，可以把手放在桌子下面，悄悄地握拳，然后放松，再握拳，再放松。做完后可以轻轻甩一甩双手。

第二种放松法是自主性放松。这种方法是直接暗示自己的身体放松，不用经历先紧张后放松的过程。比如“我的手臂很沉重，很放松！”“我的心脏跳得很均匀有力”或者“我的脸颊很放松、很舒服”等。这个方法与渐进性肌肉放松很像，你可以在社交前用，从头到脚或从脚到头来进行全身放松，当然你也可以在社交中用，根据需要进行局部放松。

第三种放松法是想象性放松。就是去想象一个让你放松的某个情境或某种东西，从而让你的身体放松。你想象的可以是一个令你愉快、平静的场景，比如美丽的大草原、宽广的金色沙滩；可以是很有特色的画面，比如蒙娜丽莎的微笑，或者悠闲的田园生活；也可以是让你感到舒服的声音或话语，比如大海的浪涛声，或者就是“放松”“平静”等这些词。具体选择哪一种可以根据你的感觉来，只要让你感到放松就好。

下面是一段关于大海的指导语，你可以自己录下来，然后去练习。

我来到了海滩上，天是蓝的，海也是蓝的。我静静地凝望着远方海天一色相接处，空中朵朵白云飘过，偶尔还有远处的海鸥从空中掠过，我感到无比心旷神怡。我触到了脚下软软的沙子，温暖的阳光照在我的身上，感觉暖暖的。海涛在有节奏地唱着自己的歌，我静静地，静静地倾听着这永恒的歌。海风轻轻地向我吹来，吹拂在脸颊上，带来一丝丝海水的腥味，淡淡的，淡淡的。我深深地吸一口气，清新的空气一直渗入我的心里，渗入我身上的每一个细胞。此时，我感觉到自己的身心像大海一样——豁然开朗，我的内心像静静的海面一样平静，一样放松。我感觉自己的身心从里到外都有一种非常轻松、安逸、平和的感觉。

这里需要提醒你一下，你可能会出现分心的情况，这是一种正常现象，你不必太在意，只要把注意力重新集中到指导语上就好了。如果你对另外一些场景更能感到放松，比如来到开阔的草原上，或者站在山顶看云，那你可以描绘这些场景，这些都没关系。只要它让你感到更放松，那么你就可以跟随自己的引导来。

整个过程一般需要 10 分钟到 20 分钟。所以同样地，你一定要保证自己不会被打扰。完成练习后，静静地坐2分钟左右，再睁开眼，不要急着站起来走动。**这种方法更适合你在社交前去用，帮自己保持平静。**

第四种放松法大家可能很熟悉，就是暗示性放松。比如，默念“全身放松”，来给自己暗示。有些朋友可能觉得这个方法不是太好用，这可能是因为你的方法没用对。比如，最常见的一种情况是，暗示自己“别紧张”，结果反而更紧张。这里需要提醒你，**要用正面的词汇，不要用否定词汇。**也就是说，暗示自己放松效果会更好，暗示自己别紧张，反而是在反复提醒自己“我现在很紧张”。另外，如果你用不好这种方法，**建议你先用前面三种方法，当你可以做得很好时，再用暗示性放松就能更有效果。**

这就是四种放松技术。这里再提醒大家一点，就是**这些方法都可以搭配前面的深呼吸放松技术，你在整个过程中需要注意采用正确的呼吸方法，感受气流的运动，感受腹部的起伏。**

希望大家多练习，不用担心自己的表现，用正念的态度去尝试就好。最好让它成为一种例行公事，每天用固定的时间来做，这样更容易帮你取得效果。

当然，除放松技术外，你也可以总结一些适合自己的小技巧。比如，在重要的社交之前，提前上好厕所，这样可以避免身体的突发状况。你还可以提前想好如果别人发现了你的紧张，你该怎么回应。如果别人说：“你怎么出了这么多汗？”你可以幽默地回复他：“胖人就是怕热。”提前想好对策能让我们不那么慌张。

- 本节课后作业 -

请你选择前三种放松法中的任何一种做练习，并记录你的体会。

PART Ⅲ

第三部分

勇敢应对社交情境

LESSON 12 第十二课

集体活动：聚会比什么都紧张怎么办？

- 本节课你将掌握 -

一、自卑从何而来

1. 消极的自我暗示放大了挫败感

2. 不能接受自己的缺点

3. 家庭和学校不恰当的教育

二、怎么克服自卑

1. 准确地评价自己："三个我"表格

2. 学会接纳自己：补偿与珍惜

3. 改变消极观念：觉察与驳斥

4. 在行动中进步：关注每一小步

有些人在一两个人面前不会多紧张，但是面对的人一多就会非常焦虑。像单位组织团建、逢年过节的各种聚会就会让他们很紧张，能逃就逃，如果不能缺席，他们会觉得很受折磨，只能硬着头皮去。尤其是如果有很多半生不熟的人，他们就更觉得难受了。

这个时候，他们的自卑心理会表现得很明显。因为本来就很在意别人的评价，一下子有这么多人在一起，就会更担心自己的不足暴露出来。他们的心里会不停地想，别人有没有在关注我？我的表现还可以吗？我有没有说错话？别人会不会不喜欢我？

伴随着这种担心，我们还很容易拿自己与别人比。尤其是在应酬型的场合，比如朋友介绍新的朋友给大家认识，多年不见的老同学聚会，或者是酒桌上的商务谈判。你觉得自己外表一般、能力也不出众，又不懂应酬，因此浑身难受。可是看到有人优雅大方、懂得很多的样子，在聚会中谈吐顺畅、左右逢源，你就更会觉得自己差劲，因而更紧张。

前文提到过，社交恐惧的各种类型都可以用接纳承诺疗法和森田疗法进行改善，所以之前讲的方法对于聚会恐惧一样适用。这节课，我们将从自卑的角度来探讨一些新的策略。

为什么有些人很自信，有些人却很自卑呢？我们都知道自卑是一种自我评价，并不一定符合自己真实的情况。**很多时候，它来自消极的自我暗示。**比如，你在过去的人际交往中经历过挫折，于是怀疑自己的能力，觉得自己不擅长社交。然后越退缩能力越得不到提升，这就印证了你消极的自我暗示，真的把自己变成了不会社交的人。

有这样一个例子。一个大学生，来自南方的一个小地方，刚上大学时，因为他的普通话夹着地方口音，常常惹得同学们笑他。他本来就不善言谈，于是觉得自己与同学们处不来。每次有集体活动，他基本都是在一旁静静地听，渐渐成了班上最不起眼的人。但他在高中时成绩名列前茅，是老师和家长眼中的骄傲，是同学们羡慕的对象。这种巨大的落差让他感到自己处处不如人，很自卑，哪怕普通话越说越标准了，他在社交中还是很退缩。

不少人都像他一样，在社交中有过不愉快的经历，然后放大了这种挫败感，对自己全盘否定，于是越来越恐惧社交。如果你能够客观地看自己，看到自己表现好的地方，就完全可以接纳这些不愉快，不会受它的影响。

可能有些朋友会说，自己是真的有缺陷。比如，个子矮、太胖、五官不好看，或者身体有残缺，所以不敢与人交往，好像自卑是顺理成章的事。可是这个理由很容易被推翻。看一看你身边积极社交的人，他们全都长相很标致，都是没有缺点的吗？是否自卑的根源在于我们怎么看待自己。如果你可以接纳自己的缺点，照样可以生活得充满自信，有滋有味。

当然，**自卑很多时候也来自家庭和学校的教育，也就是来自外界的消极暗示。**如果你在成长过程中，经常受到家长和老师的批评、指责、讽刺，自尊心就很容易受挫。这需要你重新审视他们对你的评价，看一看你真的像他们说的那么差吗。

自卑其实是把双刃剑。心理学家阿德勒就是一个很自卑的人，他对自卑进行了深入的研究，发现每个人都有自卑情结。虽然这种感觉不好受，但是适度的自卑感会催人奋发，促使人努力追求卓越，弥补自己的不足，从而达到更好的状态。他把这种行为称作补偿和超越，这其实是每个人成长的方式。那些没什么理想、安于现状、自得自满的人，那些自以为比谁都强的人，也许没有自卑感，但这样的人往往不会努力，很难有进步。

所以，**我们需要做的，不是消除自卑感，而是坦然面对它。**换句话说，**自信不是完全不自卑，而是可以接纳自己的自卑。**

要做到这一点，首先需要你客观、准确地评价自己。

如果我现在问你："你是谁？你是一个什么样的人？"你头脑中会出现哪些答案？你可能回答：

"我是一个男孩，是一个大学生。"

"我喜欢运动，我做事认真。"

"我对人很友善，比较内向。"

"我没有太多主见，我害怕让别人失望。"

等等。

我想每个人的回答肯定都不一样。我们对自己的认识往往会出现一些偏差，或者说不能很好地认识自己，所以我在这里分享一个练习，这个练习叫作**"三个我"**。通过做这个练习，可以帮我们从多个角度认识自己，这样自我认识会更加客观。

在你的社交日记本上画一个表格，总共四列。最左边一列是评价自己的“各个维度”，你可以从上到下分别写出相貌、文化程度、人际关系、职业、家庭、收入、爱好、性格、健康状况等任何你觉得很重要的方面。后三列是对应这些维度的“自己眼中的我”“别人眼中的我”“理想中的我”。“自己眼中的我”，也就是你对自己的评价；“别人眼中的我”是别人对你的评价，你可以找你最熟悉的人，最好找两个以上的人来做评价，然后综合起来填上；“理想中的我”也就是你希望自己是什么样子。

各个维度	自己眼中的我	别人眼中的我	理想中的我

通过这个练习，你可能会发现，原来你以为别人怎么看你，和别人真的怎么看你是有差别的。就像第五课里我们做练习时发现的那样，很多时候我们觉得自己不够好，但其实往往不是这样的。

当你能更客观地看自己时，就不会因为别人对你的一个负面评价而动摇对自己的认识。比如，当别人说“你的表达能力不行”，或者“我不喜欢你”的时候，你还是你自己，还是原来的你，别人的否定和拒绝并不会影响你本身的价值。

认识了自己，还要学会接纳自己。谁都不喜欢自己的缺点，但是缺点并不是一时半会儿就能克服的，甚至有些缺点是无法改变的，这时候接纳它是最好的方法。

你可以通过补偿来帮自己接纳。就是发掘你的优势或独一无二的特点，来弥补缺陷。

有这样一个男生，他在上大学期间请女孩跳舞时，由于个子矮经常被拒绝，这让他很自卑。后来，他一见到个子高的女生就会很自卑，舞场自然也不敢去了。有一年多的时间，他一直为自己个子矮的问题耿耿于怀。不过他没有因此一直沉沦下去，而是把更多的精力放在自己的学习上，课外时间积极参加学校的社团活动。在大学毕业时，他以优秀毕业生的身份被一家知名企业录用。由于出色的工作表现，在第三年他被提升为部门经理。更令他得意的是，在这一年里，他找到了女朋友，并且他的女友个子比他还高两厘米。

你可能不善言辞，感觉自己想要在短时间内变得侃侃而谈很难；也可能觉得自己太呆板，想变成有趣的人但不知道该怎么办。那你就可以充分展现你擅长的方面，有时候这样反而更容易被别人记住，更容易得到欣赏。比如，你的小腿不好看，但你有很好的衣品，可以选择合适的衣服盖住它。再如，你的长相很一般，但你可以修炼自己的气质，举止得体。又如，你不幽默，反应慢，还接不上别人的话，但你特别擅长讲故事，可以积累很多别人喜欢的故事随时拿来用。

比起补偿，更重要的是有一个珍爱自己的心态。当你可以去欣赏自己好的地方，珍惜自己拥有的时，那些你不满意的地方就显得不那么刺眼了。不管你现在是什么情况，你对现在拥有的一切——包括身体、工作、家庭、财产等是不是满意，你都应该感到欣喜，因为这就是独特的你。

除了认识自己、接纳自己，你还需要持续觉察自己的各种想法。大家还记得第五课和第六课讲过的方法吗？当你在人多的场合焦虑不安时，**检查一下，你头脑中冒出了什么自动化的观念？**比如，我今天状态不好，只要一不留神就会闹笑话。然后问问自己，如果我允许自己放松，真的就一定会出糗吗？如果出糗就一定会很糟糕吗？往往你稍微一想，就会发现这好像也没有什么。**接着，提醒自己懂得区分"行为"和"自我"**，明白哪怕自己表现不好也并不意味着我整个人不够好。鼓励自己只要尽力去做就好了，会越做越好的。

如果有人表现出不友好，比如带着大家笑你，那**请你检查一下自己有没有过度解读他的意思呢？**问问自己，虽然他这么做让自己很尴尬，但是会不会他并没有恶意呢？是不是他的性格就是这样，也许他希望帮我融入大家才这么做。如果他真的不怀好意，那么**尝试安慰自己，和自己的不舒服待一会儿**，而不是因此责怪自己。这时候，你就可以用前面讲过的放松方法来帮自己平复心情，然后可以与他拉开距离，但并不影响你与其他人互动。

最后，还是要提醒你，要在行动中提升。任何改变都是循序渐

进的，所以你要关注自己迈出的每一小步。

比如，你可以在人群中找到最熟悉的人，从积极与他们互动开始，逐渐到不那么熟悉的人。如果活动中的人你都不够熟，那就找一两个看起来比较随和的人，先和他们熟悉起来。或者可以靠近那些与你有相似点的人，比如穿衣风格与你很像，或者与你来自同一个地方。在心理学上有一个似我效应，就是人们往往容易对与自己像的人产生好感，所以在你主动找他们的时候，他们也许正对你感兴趣，想要接近你。

如果这些对你来说依然很困难，你还可以给自己安排一个角色，这样会给你一种目的感。比如，在公司组织的聚餐中，你可以把自己定位为为大家服务的人，帮忙端茶倒水，这样你就不会感到自己游离在外，也避免了过度焦虑。你可以先做几次尝试，记下你的感觉，然后从中看看有什么值得学习的地方。你往往会发现，带着这种角色与别人互动，你会感觉更自在，好像角色本身给了你一种保护感。

不要小看这些不起眼的小事，如果你只关注自己的大目标——在集体活动中非常自在，那你可能只是好高骛远，迟迟不能有进步。**当然也不要只关注这些小事**。把每个阶段的目标定清楚，这一次参加集体活动要做到什么，下一次要做到什么，给自己一个清晰的成长路线，这样就能帮自己持续取得进展，而不是心血来潮鼓励自己，给自己打鸡血，但很快又退缩。

这些你都可以写在你的社交日记里。同时，请你记住非常重要的一点，每获得一点进步都及时给自己鼓励，能帮你越来越自信。

- 本节课后作业 -

完成课程中介绍的“三个我”表格。

LESSON 13 第十三课

演讲恐惧：当众讲话就舌头打结怎么办？

- 本节课你将掌握 -

一、演讲恐惧的三个原因

1. 你把演讲看得很重

2. 太在意听众的看法

3. 曾经有过演讲失败的经历

二、克服演讲恐惧的办法

1. 有机会上台就上台，不要躲

2. 在演讲前做好充分准备

3. 在紧张的时候，学会接纳

4. 专注于自己的讲话

生活中有不少人，平时说话侃侃而谈，但一上台演讲，立刻像变了个人似的，表情不自然，舌头打结，显得很笨拙。你问他为什么这样，他会说：“看到台下黑压压的一片人，就紧张得不得了，本来准备好的发言稿忘得一干二净，头脑一片空白。”我们称这种情况为演讲恐惧。有的人只要当着很多人的面讲话就会感到紧张，这种情况也属于演讲恐惧。

当面对成百上千的观众时，人群巨大的气场会使绝大多数人都感到紧张。美国国家心理健康机构曾经做过一份调查，在美国这样貌似全民外向的国家，仍然有 74% 的人为公众演讲感到焦虑，这个比例甚至高于害怕死亡的比例。这是不是很有意思？

为什么人们会有演讲恐惧呢？这是因为上台演讲预示着你要向大家进行全方位的展示，不管是好的，还是不好的，都会一次性暴露给大家。这对演讲者来说是一个极大的挑战，就像我们面对一群怪物，一种巨大的未知的危机感就会涌上来，我们本能的自我保护系统被激活，出现前文所说的“战斗或逃跑”反应。

所以说**害怕公众演讲不是什么丢人的事，而是一种很普遍的心理现象**。而且适度的紧张有助于你演讲前做好充分的准备，能更好地展示自己。

可能有人会问：我也知道演讲恐惧很多人都有，但我的恐惧反应比一般人更强烈，这是为什么呢？**这主要有三方面原因。**

第一个原因是，你把演讲看得很重。比如认为演讲会关系到自己的形象，关系到自己的前途，就容易紧张。还有就是完美主义的心态，你对自己要求很高，想让所有听众都满意，如果出现一个口误，就觉得自己犯了一个很大的错误，也容易紧张。

当你站在台上还时刻想着自己的表现够不够完美时，肯定会有所顾忌，不能完全放开，紧张感就会陡然上升。大家都知道，口误在很多时候是很难避免的，即使是电视台的主持人，也会有口误的时候。更何况偶尔一两次口误也并不会影响到整体的演讲效果。所以抛弃完美主义的想法，即使结巴了、讲错了也要继续讲，有这种心态才对。

在心理学里，我们把调整观念的方法叫作**认知调节法**。就是要去识别不合理的观念，并用合理的观念取而代之。简单地说，就是换个角度看问题。比如，口误的确是一个不好的情况，但你能够认识到口误在很多时候是很难避免的，而且不会影响到整体的演讲效果，这样紧张感是不是能减轻很多？

识别不合理的观念，最好的线索是你的紧张和恐惧反应。当你意识到紧张或恐惧产生时，问问自己："我脑子里正在想什么？"这些观念可能以言语的形式出现，比如"我会讲得不好"或"这次演讲对我来说太重要了"。也可能以画面的形式出现，比如"台下黑压压的一片我好害怕"或"听众会对我的演讲品头论足"。

然后你可以用前面学过的正念方法来进一步觉察，看这些观念是否合理。比如，你可以问问自己："我的这个观念是正确的吗？我这样想的证据是什么？是不是还有其他可能？"这些思考可以帮你更理性地看待问题。

接着，寻找证据反驳这些不合理的观念。你可以请朋友或同事帮忙，和你一起大胆地设想可能的最坏后果。比如，演讲失误，会导致失去工作吗？还是会失去所有钱财？或者别人都看不起自己？当你能够很清晰地把这些都列出来时，你通常会发现自己所担心的结果，发生的概率几乎为零。就好像坐飞机最糟糕的结果是飞机失事，这个结果的确很可怕，实际上也有这样的事故发生，但发生的概率很低，几乎为零。所以，坐飞机其实还是很安全的。

调整你的观念，虽然不能彻底赶走你紧张的情绪，但可以帮你减轻症状，让你能集中注意力来表达你想说的话，而不是总在担心自己的恐惧感和焦虑感。

第二个原因是，太在意听众的看法。演讲时，自己的形象暴露在那么多人面前，这时你就会去考虑听众怎么评价自己。可是，演讲在大部分情况下都是单向的。你没办法像平时交谈那样，及时从对方那里获得反馈，你甚至不能确定人们是不是确实听到了你的话，了解了你的意思。你能看到听众的眼睛，但你不知道他们到底在想什么，所以不知道自己的表现到底怎么样，如果你很担心自己的形象不够好，那自然就会感到很紧张。

其实，别人的评价你是没办法控制的，你演讲得再好，也会有人不喜欢。就像一个明星演员，有很多观众都很喜欢他，说他演得好，但肯定也会有人说他演得不好。你要做的是做好自己，努力地去表现自己。

一般来说，听众越多，越重要，紧张感就会越明显。一般人大多只愿意在“小范围”内讲话。如果听众人数很多，人们就会加倍谨慎。因为人们觉得一旦出错或表现不佳，会让“那么多人”一下子全都知道了。

另外，听众的熟悉程度也会影响紧张感。大多数人在熟人面前讲话比较自然，而面对陌生的听众就比较紧张。这是因为我们对陌生人几乎一无所知，而他们在几十分钟甚至十几分钟里就要对我们做出评价。如果面对的听众比自己的地位高，或者比自己懂得多，我们在讲话时可能会更紧张。比如，求职者在评估小组面前，下级在上级面前，普通人在专家面前，往往会很忐忑，表现得不自然。

也许有人会说，我和以上这些因素关系都不大，就是害怕上讲台。那可能**还有第三个原因，就是曾经有过演讲失败的经历，导致“十年怕井绳”的效应出现。**

我有一个来访者，在他刚上初中时，老师要求每个学生上台做一个 3 分钟的自我介绍。他说自己的小名叫“小朱”，刚好他长得比较胖，下面有一个同学就取笑他是“猪”，很多同学都忍不住笑了，他感觉很尴尬。下课后，还有同学当面取笑他“你是猪”。这件事情让他耿耿于怀，从此害怕上台发言，但其他的社交都没什么问题。如果你也是这种情况，建议你找咨询师来处理一下曾经的创伤。

我们知道了演讲恐惧的原因，那**有什么具体的方法可以克服它呢？**

你可以思考一下，为什么有些人不害怕当众发言呢？比如，主持人、老师，还有一些单位的领导。他们就算紧张也能应对得很好，甚至有时候乐此不疲，很享受。其实他们能有这样的状态，无非是常年锻炼的结果。

因此，**你首先要做的，就是让自己有机会上台时就上台，不要躲**。这是快速解决演讲恐惧的首要原则。

我的一个同学曾经有演讲恐惧，为了解决这个问题，他大学毕业后先去保险公司工作。因为工作时要经常面对很多客户进行讲解，一年的锻炼让他彻底克服了演讲恐惧的问题。

不逃避不是说鲁莽地去做，**你需要在演讲前做好充分准备**。就像演员需要反复排练一个角色一样，你准备得越充分，信心就越足。

一位演讲顾问曾经说过，充分的备战可以消除75%的怯场感。当你已经把演讲的内容练习过许多遍，可以流利地、充满感情地表达出来时，你又能紧张到哪里去呢？

不过这里有两个要点要提醒你。第一个要点是，准备不是死记硬背，你当然要把演讲词记得更熟一些，但同时应该尽量预演演讲时的情形，也就是做到可以设想现场的效果，把演讲稿的质量提高一些，内容尽量做到口语化，多进行一些现场互动，这样表达起来更有把握。同时，可以提前设计好身体姿势，在什么时间有哪些肢体动作，这些精细的设计能帮你心里更有底。

第二个要点是，如果条件允许，不妨找两三个朋友充当听众，给他们试讲一遍，让朋友多提意见和建议，及时修改。有了提前演练，你会对这次演讲更熟悉，真正演讲时就像一场复习，可以更从容自信。

当然，可能你准备得很充分了，但**还是感到紧张，这时候你就要学会接纳**。

对于演讲恐惧，我们常常羞于谈论，也很少承认自己有这方面的问题。这种心理，我想与人们好面子有关。如果我们承认自己有这方面的问题，就好像代表我们心理脆弱，代表我们不够强大，甚至会觉得自己要被人瞧不起。所以我们拼命地伪装自己，逃避各种当众讲话的机会，但同时又不得不承受更多的焦虑感。

当然，我不是鼓励你大声宣布自己有这方面的问题，而是希望你意识到，很多人都有这方面的问题，你不用为自己的演讲恐惧感到难为情，感到自卑。有学员曾经这样对我说："过去一直以来我与演讲恐惧单打独斗，加入这个课程后，我发现和自己类似的人有很多，心里一下子轻松多了。"其实，对于其他的心理问题也一样，很多人不敢说出来，以为自己有强迫症、有焦虑症。通过心理咨询，认识到问题的本质后，人们认识到自己不是唯一的，压力自然就减轻了。

当我们对紧张感不再排斥，能接纳它时，就可以去敏感化，避免"紧张—排斥—更紧张"的恶性循环。而且，对于那些容易逃避演讲的朋友，这种接纳也为下一步的积极行动做好了充分的心理准备。

在前面的课程中，我们分别从正念和森田疗法这两种理念讲了怎样更好地接纳。有些读者读完本节后收获很大，他们反馈说："老师说当众发言时，要学会不在乎不自在的感觉，接纳这种感觉，这一点很受用，手抖就让它抖，慢慢地就不抖了。”还有一个反馈是：“做正念练习时，我能够觉察到上一次焦虑是为什么。现在我能认识到我紧张是可以的，不用担心，自然地对待它就好了，没有关系，它能待多久就待多久。”

希望你也能跟着每节课去实际练习，并且有类似的切身体会，不只是在头脑中知道，而是真正地做到、感受到。

最后，还有一个方法很重要，就是**专注自己的讲话**。也就是说，把你的注意力放在要讲的内容上，而不去理会听众怎么评价自己、对自己有什么样的印象。其实演讲的最高境界就是忘了自己，面向听众，专注所说。

我想你应该有过这样的体会，在上台发言刚开始时，你有一些紧张感，但当你把精力放在所讲的内容上，随着时间的推移，紧张感就慢慢消退了。如果你一开始紧张就想：我好紧张啊，我的表情不自然，台下这些人会怎么看我，我该怎么办，完了。这时候，你就会更紧张，直至脑子一片空白。所以，你可以假想你在进行一场个人秀，假想台下没有别人，专注于把你想说的意思说清楚就好了。

- 本节课后作业 -

如果你有演讲恐惧，请先描述一下你的具体表现并分析原因，然后想想解决的办法。如果你没这个问题，请结合前面学习到的方法继续社交，尤其要去体会接纳症状时带来的变化。

LESSON 14 第十四课

谈话艺术：怎么开口与不熟悉的人交谈？

- 本节课你将掌握 -

一、安全感

1. 缺乏安全感的人在社交中有何特点

2. 安全感形成的最关键时期

3. 成年后如何提高安全感

二、交谈技巧

1. 如何开场

2. 如何找话题

3. 常见的三种错误

社交恐惧中有这样一类人，他们与熟悉的人交谈时轻松自如，

游刃有余；可是一遇到陌生人就会变得放不开，甚至想逃开。更严重者索性宅在家里，不去见陌生人。

在生活中，我们总免不了要和陌生人说话，比如去超市买东西要和收银员说话，或者在饭店点菜要和服务员说话，不敢开口直接影响了我们的正常生活。还有些时候，我们渴望能结识更多的人，比如有人主动和我们说话，或者到了一个新环境要熟悉周围的人。当我们内心很想开口，嘴上却支支吾吾时，就会感觉很尴尬，很压抑。

这节课我们将从以下两个角度来讲面对这些情况，你该怎么办：一个是安全感，另一个是关于交谈的技巧。

提到安全感，我想大家都不陌生，它是一种渴望稳定、安全的心理需要。我们每个人都希望自己有十足的安全感，做任何事时内心都很有力量，很坚定，感觉放心、舒心、有依靠。

可是我们常常会觉得自己缺乏安全感，因为总有一些时候，我们会担心这、担心那，会怀疑自己，会感觉自己的处境有危险。不敢和陌生人交谈，往往与安全感不足有关。

缺乏安全感的人对别人的态度不会那么友好，当然不是说你主观上就不友好，而是在人际交往中过分敏感，很容易感到被拒绝、被冷落，或者受到歧视，因此很难信任别人，容易滋生不满，或者把自己与对方放在对立的位置上。所以常常会习惯性地采取自我保护的姿态，回避和别人有太多接触的机会，尤其是陌生人，以免自己会受伤。

人们在出生后 4 个月到 3 周岁是获得安全感最关键的时期。如果在这个阶段，我们得到了充足的心理营养，建立起牢固的、安全的依恋关系，那么我们就有足够的安全感，否则可能终生都在寻找安全感。最重要的心理营养来自父母的爱和关心。当孩子哼哼唧唧表示不满的时候，父母不管多忙，都放下手头的活去看孩子有什么需求，孩子就会感到很安全，长大后遇到困难心里也会很有力量。平常多陪孩子看书或做游戏，给他洗澡、讲故事、哄他睡觉等等，这些不起眼的陪伴也是孩子安全感的来源。还有，生活的安定也很重要，就是生活环境不要有太大的变动，在饮食起居上能得到很好的照顾。另外还有很重要的一点是，家里人的行为准则一致，不会言而无信，言行不一，或者互相之间有剧烈的矛盾。在这种环境中长大的人，往往行动起来会心中有数，内心比较坚定，安全感很强。与此相反，如果父母对孩子的关心不够，几乎没有时间陪伴，或者夫妻关系不够好，孩子长大后就容易缺乏安全感。

不过，这并不是说你错过了那个时期，就无能为力了。**你可以在各种经历中磨炼自己，尤其是遇到挫折和困扰时，多去觉察和反思。如果你能得到积极的感悟，安全感就可以一点一点地加强。**就像你的社交恐惧，其实它就是在给你一个成长的机会，提醒你多去审视自己，重新建立安全感。

克服与陌生人交谈的恐惧，最好的方法就是多与陌生人接触。如果你觉得自己安全感不够，因此不断退缩，那你可能永远都难以提高安全感。当你可以一次次去做自己害怕的事情时，你就会逐渐发现其实世界没有那么危险，别人没有那么多恶意，自己也没有那

么脆弱，没有那么容易受到伤害，你的安全感自然会越来越强，然后你就可以做很多原来不敢做的事。

就像学开车，一开始你很紧张，死死握着方向盘，手心直冒汗，担心会撞到别人，或者被别人撞到。但是练得越多，你就越轻车熟路，越觉得没什么可怕的。如果你因为害怕而不上路，恐怕一辈子都开不了车。学习任何技能都是这样，你做得越多，就能越轻松。

练习时你最好能够设定每周的行动目标。在开始的时候，目标要小一些，比如你可以先向自己承诺会在一周内与两个陌生人交谈。然后，每周增加一个人。如果你已经宅在家里很久，不敢一个人去见陌生人，可以让朋友或家人陪着你跨出第一步。

你需要知道，你已经成年了，安全感只能自己给自己。当然，如果安全感的问题带给你很大困扰，你觉得靠自己的力量很难走出来，那建议你找专业的心理咨询师来帮自己。

当你勇敢地跨出了第一步，怎么开口就成了很多朋友的问题。比如，第一次见面不知道怎么说第一句话，不知道该谈什么话题，遇到冷场很尴尬，不知道该怎么办，等等。

我们先说说如何开场的问题。沟通不仅仅是言语沟通，还包括非言语沟通。很多时候非言语的沟通，也就是你的身体语言更加重要。比如，一个你不认识的人突然跑来和你说话，你可能会觉得有点慌张，这时候你可以用身体语言先做一个回应。最简单的是，和他进行一些眼神接触，或者朝他微微一笑。这样其实就传递出了一个信号：我愿意和你说话，你们的互动可以自然而然地展开了。微笑是拉近人际距离的第一步，即使你没有聊天的打算，也要保持微笑，这样很可能对方也会回报给你一个微笑，气氛会很融洽。

有一种姿势要避免，就是双臂交叉放在胸前。这个动作往往有种拒绝的味道，好像在说“离我远点”，或者“我对聊天一点儿也不感兴趣”。这个姿势容易让别人觉得你有敌意。

下面我们说说开场该怎么找话题。很多人会觉得开场时自己很尴尬，不知道怎么开口。其实你真的不需要有这个顾虑，因为开场话题的作用就是与对方拉近距离，只要对方知道你愿意和他说话就可以了，他并不会仔细考虑你的话题是不是很有水平。哪怕你说一些没有意义的话，比如“今天雨下得好大”“今天早上的车堵得太厉害了”，或者只是随口称赞对方“你这个包包真好看”“你笑得真甜”，这些都可以。

如果对方的回应很冷淡，可能表示他现在并不想说话，你就没必要再试着和他找话题了。很多人这时候心里会七上八下，冒出很多想法，比如，是不是我刚刚说的话很傻？是不是他不喜欢我？此时，请你提醒自己我们在前面课程中讲过的，你可能太以自我为中心了，也许别人只是状态不好而已，不一定与你有多大关系。

如果你很害怕自己说出去的话得不到回应，可以试着多表现出你对对方感兴趣。人们普遍喜欢对自己好奇的人，这样往往不容易被拒绝。所以你可以注意观察对方，然后围绕着对方问问题，比如：“你这件衣服挺好看的，是在哪里买的呀？”“你的名字挺有趣的，有什么来由吗？”“你长得这么漂亮，肯定会有许多人喜欢你吧？”

一般人都会很乐于回应，而且会很自然地反过来问你：“你叫什么名字呀？”“你有男朋友或女朋友吗？”这样你们自然就可以聊起来了。

如果你们不是第一次见面，是一种半生不熟的关系，你还可以从你们的共同点找话题。比如，你们来自同一个地方，可以聊聊家乡的事。或者你们有相似的爱好，穿衣风格很像，有相似的经历，等等。哪怕只有一丁点交叉的地方，都可以作为聊天的切入口。这也是利用了似我效应，就是抓住两个人相似的地方，可以缩短两个人的心理距离。这就需要你平时多留意，多积累关于对方的信息。前文介绍过，你可以把这些人的信息记录下来，比如家庭情况、生日、爱好等。

另外，虚心请教能迅速增加对方对你的好感。很多朋友觉得自己不够优秀，所以遇到优秀的人就会很紧张。但其实人本来就各有专长，如果对方展现出了很厉害的地方，你不妨虚心地请教他，这样不但展现出你的落落大方，还能顺便向对方学习。比如，如果你们是老乡，聊到了家乡菜，他说起几道自己的拿手菜，而你完全没有厨艺，这时候你就可以大大方方地请教他：“你真是太厉害了，可以教教我怎么做吗？”如果你心里想：“他怎么这么厉害，和他一比我也太笨了！”这样就容易陷入自卑当中。这时，你往往会不高兴，对方看你拉着脸，可能会莫名其妙，或者误以为你在嫉妒他，气氛就会冷下来。

有些朋友觉得自己是话题终结者，好像总会让聊天变得很尴尬。那可能是犯了以下三种错误。

第一种错误是，爱问封闭性问题，让对方无话可说。封闭性问题就是“是不是”“有没有”这类二选一的问题，一两个字就回答完了，话题很难展开。所以可以适当多问一些开放性的问题，也就是“什么”“怎么”“为什么”，这样对方可以自由回答，就可以顺利展开一个话题。比如：“你喜欢这个游戏吗？”这往往会终结话题，因为对方不知道你想知道什么，可能就会说“还行”，然后等你说。更合适的问法是：“你觉得这个游戏怎么样？”对方可能就会说很多，比如他对这个游戏有什么感觉，他还喜欢哪些类型的游戏。你们就可以围绕这个话题去讨论了。

第二种错误是，接连发问，让对方觉得像被考问。比如，对方说了一件事，提到了自己的观点，你问他：“为什么会这样？”“你为什么这么看？”这很容易让对方觉得你在质疑他。更合适的方法是，加入一些陈述，再提出问题。比如，你可以问：“我比较好奇的是，你是怎么看的？”“我觉得你这个想法挺有意思的，可以多说说吗？”

第三种错误是，自说自话，没顾及对方的感受。也就是你说的话题是自己感兴趣的，对方并不感兴趣。所以在聊天的过程中，你要密切关注对方的反应，如果对方表现得比较冷淡，你可以直接换一个话题。会听也很重要。如果对方感觉他讲话时你没认真听，他可能就不想继续说了。这也要求你分出一些注意力放在对方身上。比如，你可以看着对方，身体自然前倾，时不时点头，这些身体语言都表示你在认真听，并且听懂了对方的话，表示一种理解和认同。

说了这么多方法，最关键的还是要多说，不怕说错话，不怕难

为情。在日常生活中，做一些看似“多此一举”的事来锻炼自己。比如，你去超市购物，常规的程序是选好要买的东西，去收银柜台付款，然后回家。从今天起，希望你能多做一步，比如买饼干时，你可以问一下售货员：“哪种饼干卖得最好？”或者你去饭店吃饭，结账的时候，尝试着和服务员多说几句，比如反馈一下哪些菜好吃，哪些菜可以再改善一下。

总之，从现在开始，让你所做的事都比以往的固定做法多一步，甚至两步、三步，让自己走出熟悉的舒适区，试着让自己感受一下，多出来的这一步会让生活发生什么变化。

- 本节课后作业 -

从现在开始，做一些看似“多此一举”的事来锻炼自己。比如，去超市购物时试着与售货员交流几句。或者去饭店吃饭时，试着与服务员多说几句。勇敢地走出舒适区，抓住每一次机会改变自己。

LESSON 15 第十五课

未知情境：怎么应对毫无准备的社交情境？

- 本节课你将掌握 -

一、害怕没有准备的社交，本质上是不能容忍不确定

1. 不确定在日常生活中很普遍

2. 排斥不确定，本质上是对掌控感的需要

3. 什么样的人更容易害怕不确定

（1）缺乏安全感

（2）控制欲强

（3）低自尊

二、怎么战胜对不确定的恐惧——把握当下

1. 两个社交案例

2. 正念练习——专注地吃葡萄干

在我们的人际交往中，经常会出现比较突然的情况。比如，单位开会，领导让你讲几句；在学校上课，老师突然让你回答问题；或者在某个地方玩，碰巧遇到了老同学。遇到这样没有丝毫准备的社交情境，你会不会格外紧张呢?

这种紧张很大程度上是源自我们内心的不确定感。也就是我们对事情的进展不可预知，这时候我们的心里就会七上八下。

在人际交往中，我们不知道别人会怎么评价自己，这就是一种不确定。而在突然出现的社交情境里，不确定性就更突出了：你不知道你会在哪里，在什么时间，和谁聊天；你不知道自己会表现如何，不知道气氛会怎样。一切都是无法预料的，都是没有事先准备的。所以当这种突如其来的情况发生时，你可能很容易一下子蒙了，不知道该说什么，觉得很尴尬。

其实我们的生活就是在和各种不确定打交道：在工作上、感情上、身体健康上等等。很多人常常会本能地选择回避，努力寻找确定感。比如，有些人渴望能预知未来，喜欢找大仙算一卦，或者排排自己的星座。更常见的是，大家普遍希望工作稳定，哪怕自己并不是很喜欢，也不想有太多变化。这其实是排斥生活里的不确定性，但这种不确定性是无法消除的。**所以学会坦然地应对不确定，是一项很重要的能力。**

排斥不确定，本质上是对掌控感的需要。掌控感就是感觉自己能改变一件事的能力，对人类来说，这涉及“安全”的基本需要。当我们知道可能会发生什么，知道自己可以怎么做，能得到什么结果时，才会感到自己是安全的。比如，你要到一个陌生的地方待几天，那你肯定会提前安排好住宿。你会上网、买旅游指南或找人询问，进行对比，这样你就感知到找酒店这件事是你可控的，心里会很踏实。

当然，不确定并不都是不好的，有时候我们会特意追求不确定的感觉。比如，对于一些体育比赛，如果一开始就胜负已定，那就没人想看了。只有不到最后一刻就无法确定输赢的比赛，才能吊起我们的胃口，让我们喜欢看。社交也是一样，在一个出乎意料的地方来一场邂逅，其实也是很有趣的事情。**如果所有的社交都像考试一样，提前练习好才发生，那社交也就没有了乐趣。**

只是有些朋友对于不确定的容忍度比较低，只能接受熟悉的、可预测的情境，认为不确定是一种威胁。这样就很容易产生焦虑和害怕，而且行动往往比较消极。

那什么样的人容易害怕不确定性呢？

首先是缺乏安全感的人。安全感缺失的人会对未知感到恐惧。这个内容我们在上节课讲过，这里就不细说了。

其次是控制欲强的人。这种人希望所有事情都在自己的控制范围内，一旦事情有超出自己控制的可能，他们就会不安。比如，刚才讲的找酒店，他们必须在出发前预约好，才能放心地启程，不能留一点随机应变的空间，不允许事先的安排有什么变数。又如，某人获邀去聚餐，到了宴席上，他发现没一个熟悉的人，这时他就会有一种不可控制感。一般人可能还能应付，但如果这是一个控制欲比较强的人，就会感到强烈的紧张和焦虑。

最后是低自尊的人，也就是对自我评价过低的人。他们之所以不愿意面对突发事件，是因为对自己不信任，他们觉得自己没价值、能力不够，不愿意相信好的事情会发生在自己身上。

其实，不确定才是唯一确定的事情。只有那些能够容忍不确定的人，才会愿意不断走出舒适区，不断探索更大的世界，才能和其他人好好建立起联系。而那些能够享受不确定的人，往往是充满好奇心和活力的人，他们不会自我束缚，也不会过度限制别人，他们往往更自信，也更能享受快乐。

面对不确定，我们最好的态度就是把握住当下。

我有这样一位来访者，他在人多的场合容易紧张，尤其是单位开会，因为领导会随意地叫下属说几句，所以开会时他特别害怕被领导叫到，怕自己讲不好。所以，他会暗地里对自己说："别叫到我，别叫到我。"如果一直到开会结束，他都没有被叫到，这颗悬着的心才能放下。如果哪次他不幸被叫到，他的发言会结结巴巴，词不达意。

通过咨询，我让他把注意力放在此时此刻发生的事情上。比如，领导讲话就注意去听，轮到某个同事讲话时，就听同事怎么说。听的时候，不要去关注领导会不会叫到自己。因为，是否会被叫到是以后的事情，既然还没发生，就不是现在该关注的。当领导真的叫到自己时，按领导的意思去说就可以了。这位来访者在以后的实践中按照这样的方法去实践，在人多的场合表现得好了很多。

你可能觉得，在社交发生之前，比如领导还没叫到他，那么关注当下当然可以缓解焦虑，但是当社交已经发生，比如领导突然让他说话，好像把握当下就变得很难。

其实这是一样的。**把你此时此刻的心情和想法表达出来，就是最好的表达。**不需要去想“我这么说合适吗”“接下来会不会气氛很尴尬”，因为这些想法，与现在无关。

再举一个例子，你在机场偶遇多年未见面的老同学，把握当下就是，觉察你当时是什么心情，是紧张还是高兴？注意了解自己的情绪，注意你的大脑现在正想对对方说什么。进一步来说，如果你真的有点慌，不知道该说什么，那么立足当下的反应就是，激动地告诉对方：“没想到会在这里遇到你，我觉得很吃惊，都不知道该说什么了。”或者，你可以说：“好突然啊，真是太巧了，我都要语无伦次了。”**针对当下的实际情况来表达，哪怕你觉得你说得很不好，也会让对方感觉你很真诚。**

而没有把握当下的反应就是，你在心里嘀咕：“天啊，怎么会在这里遇到他？我们有多久没见来着？原来我们俩的关系好像很一般吧。”或者：“这么多年后第一次见面，这次留下什么印象很重要啊，下次同学会上他会不会把这次见面拿出来说？”这两种反应就是**想法跑去关注过去和未来，而与现在脱节了，那么你不知道该说什么自然就不奇怪了。**

我们很多时候会忽略当下，要么对过去念念不忘，要么沉浸在对未来的幻想中。俄国著名文学家列夫·托尔斯泰说过：“只有一个时间是重要的，那就是现在！”它之所以重要，就是因为它是我们可以有所作为的时间。过去和未来只存在于现在的想法中，我们可以对过去进行反思和学习，但是反思也是发生在现在。这一刻是我们拥有的一切。

也就是说，**当下所发生的才是我们可以把握的。**无论你身处何方，你就在那里；无论你此时在想什么，那些想法就在你的脑海中；无论何事发生在你身上，它已然发生。换句话说，要尊重此刻的事实。

当然，这需要练习。**要想真正做到把握当下，我们就必须停下来，停留足够的时间，真正专注于当下，以便切实地感受到，当下的自己究竟是什么状态。**这样就容易把握此刻的情况，自然就能提高掌控感，能更从容地应对毫无准备的社交情境。

正念就是让我们专注于当下的一个有效方法。正念意味着以一种特殊的方式集中注意力，有意识地、不评判地专注当下。这种专注使我们对当下的现实更自觉、更清明、更接纳。

前面我们已经学习过正念呼吸。练习正念时，专注是核心所在。你的心有多平静，你的正念就会有多强大。在正念中不要费神去考虑我们的心思会不会分散，也不必去琢磨呼吸到底均匀与否。我们的精力只要集中在体验这次吸气、呼气上就可以了。

现在我来带领你做另一个很常见的正念练习——**专注地吃葡萄干**，来更好地体会专注当下是什么感觉。

请你把所有分心的事放在一边，关掉电话，专注于现在我要你做的事。

拿起一颗葡萄干放在手里。如果你没有葡萄干，其他食品也可以。现在，这颗葡萄干在你手里，你开始用你所有的感觉来探索它，就好像你是一位好奇的科学家，从来没有见过这个东西。

集中注意力看这颗葡萄干，仔细观察它，探索它的每一个部分，就像你以前从没见过它一样。用你的手转动它，并注意它是什么颜色。

注意它的表面有没有褶皱，再看看它的表面什么地方颜色较浅，什么地方颜色深暗。

接下来，探索它的质感，感觉一下它的柔软度、硬度、粗糙度、平滑度。

当你这么做的时候，如果出现下列想法，例如："我为什么做这个奇怪的练习？""这对我有何帮助？""我讨厌这些东西。"那就看看你是不是认同这些想法，然后随它们去吧，再把你的注意力带回到观察葡萄干上。

把这颗葡萄干放在你的鼻子下面，仔细地闻它的气味。

把这颗葡萄干放到耳边，挤压它，转动它，听一下是否有声音传出来。

然后，慢慢地把葡萄干放到你嘴里，注意一下你的手臂是如何把这个物体放进嘴里的，或者注意一下你是何时开始意识到你嘴里的口水的。

先不要咬它，只去仔细体会这个东西在你嘴里的感觉。

当你准备好时，就有意地咬一下这颗葡萄干，注意它在你嘴里是怎样从一边跑到另一边的，同时也注意一下它散发的味道。

慢慢地咀嚼它。注意你嘴里的唾液，在你咀嚼的时候，它的黏稠度是如何变化的。

当你准备吞咽的时候，有意识地注意吞咽这个动作，然后看一下你是否注意到吞咽的感觉。感觉葡萄干滑到你的喉咙，进入你的食道，再进入你的胃里。

- 本节课后作业 -

不知道你平常是怎么吃东西的，你在做课程中吃葡萄干的练习时，有什么感受和体验，可以记下来。你也可以在日常生活中的其他活动上，比如洗澡、倒垃圾、洗碗、去菜场买菜等，像吃葡萄干练习中所做的那样，进行有意识的觉察，体会把握当下的感觉。希望你可以有意识地多做一些这样的练习，每次只需要几分钟，便可以帮你更好地把握当下。

LESSON 16 第十六课

权威恐惧：怎么与权威打交道不发怵？

- 本节课你将掌握 -

一、权威恐惧是如何产生的

1. 自卑心理与过往经历

2. 来自父母的影响

3. 中国传统文化

二、怎么克服权威恐惧

1. 认知觉察与修正

2. 修复内在小孩

权威恐惧，也就是害怕与权威的人打交道，比如单位领导、老师、长辈、比我们能力强的人等。

我有一个来访者，他对工作尽职尽责，同事都很认可他。可是工作不到半年，他却辞职了，只是因为他在面对老板时总会不由自主地感到紧张。本以为只要离开这家公司就好了，没想到到新公司后，他对新老板还是一样害怕。

他说："不是老板不好，平时工作也没问题，但是一到开会或和老板谈话时，我就会很紧张。谈话前本想好了说什么，而且反复在心里练习，但实际说的时候还是结结巴巴，觉得自己很无能。后来我就尽量不和老板说话。"

在我们的生活中，类似的例子有很多。**通常来说，每个人或多或少都有点权威恐惧，因为我们心存敬畏。**在一个组织中，下属对上级有一份敬畏之心有利于组织的正常运作。如果完全没有上下级观念，会失去向心力，整个团队就很可能是一盘散沙。从这个角度来说，**权威恐惧是有益处的。**只要这个恐惧在自己可控的范围内，我们也就自然而然地忽略了。但如果对权威的害怕让人刻意躲避，给正常的人际沟通带来消极影响，那就需要去调整了。

权威恐惧是怎么产生的呢？

和其他的社交恐惧一样，它常常与自卑心理有关。自卑的人在权威面前更显得自己很弱小，于是加倍否定自己。而且自卑的人对别人的评价很敏感，希望处处得到别人尤其是权威的喜欢和认可。所以说他们怕的其实不是权威，而是自己不被权威看好。

还有一些人，他们的权威恐惧与过往经历有关。比如，曾经被领导训斥或批评，在心理上留下了阴影，面对领导就会有条件反射式的恐惧。如果这种恐惧没有通过正确的方式去调节，逐渐积累，就会成为挥之不去的权威恐惧。

除了这些，权威恐惧还有一些特殊性。

心理学家认为，父母是我们心里的第一个权威，我们与父母的相处模式就是以后我们与权威的相处模式。如果小时候父母对我们比较严厉，比如我们做得稍有不对就会被训斥、不可以顶嘴，要求我们对长辈绝对尊重和服从，那我们就会很怕他们，担心自己一句话没说对就会挨骂，一件事做得不好就会挨打。如果这种害怕伴随我们的成长，深深地印刻在潜意识里，成年后我们遇到老师、老板、领导，就会把对父母的害怕原封不动地转移到现在和权威的关系中，他们就变成了假想中的“父母”。

权威真的有这么严厉吗？答案是否定的，厉害的是你的父母。**表面看是现在的你在和权威沟通，但在你的内心世界里，是小时候的你在和你的爸爸或妈妈沟通。**这个时候，权威严厉不严厉其实并不重要，重要的是，你觉得自己只是个小孩，而对方就像个巨人。你感觉自己很弱小、很被动、很无力，而对方很强大。你不知道自己哪句话说得不对、哪件事做错了，就会被惩罚。你不能反抗，不敢反抗，认为自己根本没有能力去反抗。所以对你来说，权威是危险的，而且是不可预知的危险。

当然，有时候对你太严厉的也未必是父母，有可能是爷爷、奶奶，或者是家里的其他长辈。只要他对你来说是很重要的人，同样会对你产生很深远的影响。

除此之外，权威意识和中国传统文化也有很大关系。在中国封建社会，等级制度森严，皇帝至高无上，拥有巨大的权力。而在皇帝下面还有官员，一级一级的，直到最下面的老百姓，上级对下级拥有绝对的权威。在我们的儒家文化里，倡导“君为臣纲，父为子纲，夫为妻纲”。虽然现代社会是民主的，但这种文化带来的影响根深蒂固，**这在分析心理学中被称作集体潜意识**。面对权威的时候，我们集体潜意识中的这个部分就会自动启动，感觉自己低人一等，表现出卑微和毕恭毕敬的样子。当我们把自己放在很被动的位置上时，就会非常紧张害怕。

那怎么摆脱权威恐惧的阴影呢？

首先，你需要对自己的权威恐惧有一个正确的认识。很多人感觉自己这样很丢脸，这种心理让自己承受了更大的负担。权威恐惧其实是很常见的，每个人都会有，所以你不需要完全消除它。有这样的态度，你就可以轻松很多。

这节课重点给大家介绍两个方法。第一个是运用之前讲过的认知觉察，觉察自己在权威恐惧时有什么想法，并加以改变。第二个是修复儿时的经历，疗愈受伤的内在小孩。

我有一个来访者，这样描述自己的困扰：“我是一个胆小的乖乖女，缺乏主见，也不自信。参加工作两年多来，就是害怕和领导说话，特别是打电话汇报工作，总担心自己说错。也害怕向领导问问题，担心问的问题很低级被领导说。总之，我就是害怕自己工作上的不足被发现，能力被质疑。所以如果领导在旁边，我连说话声音都特别小，不敢主动和周围的同事聊天，只是埋头做事。”

她的描述中，有一个核心就是：害怕自己工作上的不足被发现，害怕能力被质疑。于是我问她：“如果工作上的不足被领导发现，你担心什么呢？”她说：“会想到自己不被肯定，被认为能力不行，接着就会想到有可能丢掉这份工作。”我继续问她：“工作上只要出现不足，一定就会被质疑、被否定吗？”她想了想，摇了摇头。我又问她：“如果被领导批评，就意味着一定会失去工作吗？”她立刻笑了出来。显然，这个推理是不成立的。

当然，“被领导批评就会失去工作”的想法，并不是完全没道理。但我们应该进一步想到，被领导批评的人中有多少被开除了呢？又有多少人从来没有被领导批评过呢？**当你能够客观地实事求是地回答这些问题，就不容易陷入主观臆断的想法了。**

当我这样问时，我不需要她给我太多的解释，只是提醒她去思考自己这些想法，这样就能很容易地找到其不合理的地方。接着自然就能意识到，如果工作上某个方面做得不好，被领导批评了，那只是这个方面不对而已，不一定是我这个人不行。这样就不会夸大问题，否定自己，也就不容易陷入自卑和恐惧。

这就是第一个重点，当你陷入焦虑不安的情绪时，可以有意识地去觉察此时此刻你大脑中所出现的想法，然后问自己：“我这样想有道理吗？是不是有其他可能？这个想法有没有不合理的地方？”

接下来讲第二个重点，怎样修复儿时的经历，疗愈那个曾经在权威面前受过伤的内在小孩。这个内在小孩是一个隐喻的说法，泛指那个曾经受到创伤的你，与年龄无关。

具体该怎么做呢？**首先你要与内在小孩连接。**这个连接就是去回顾儿时的你和父母的互动方式，尤其是你在记忆里印象比较深刻的内容。

有些人可能不想去看那个曾经受伤的自己，这时候会用理性来保护自己，觉得过去的事是无法改变的，去看又有什么意义？的确，已经发生的事实无法改变，然而我们需要关注的是，那些受伤的身心感受一直留在记忆里，影响着我们的现在。所以，**回溯过去的目的，是修复，而不是反刍创伤，更不是沉浸在创伤里。**

要去翻开结痂的伤口，对谁来说都不是容易的事情，尤其当创伤极其深重，已经成了相应的保护模式时。这时候，回溯确实很艰难，然而也更有必要。不过需要注意的是，做这一步时要有心理准备，你会有痛苦的感受。如果你很难和内在小孩连接，或者连接过程中感到很痛苦，难以承受，这时就需要寻求专业的心理咨询师的帮助。

当你连接后，就要去充分感受自己的情绪。比如，你的脑海里出现了儿时被父母批评或大骂的场景，你感受到怨恨、害怕或委屈。不管是什么感受和反应，都是可以理解的，试着以一种接纳和宽容的心态来对待自己和给自己带来伤害的权威。你不需要刻意去做什么，只要以一种接纳的心态陪伴自己待一会儿。你这么做时，通常会发现自己不那么难受了，而且能以一种新的视角去看待过去的痛苦。

我的一个来访者这样告诉我，每当想起自己被父亲严厉训斥时，心里就会很难受，就尽量不去想它，可是控制不住。在我的引导下，他在回忆那些痛苦的经历时，有了一个很重要的认识，就是当时自己是一个小孩，无力去反抗，而现在的自己不同了，是一个成人了，有力量去表达自己的意见。

另外，你可以把自己的感受和体验写下来。在合适的时候和你的父母沟通，或者和咨询师沟通。这种沟通也会对你有很大的帮助。

最后，还是希望大家明白，克服权威恐惧，**最重要的就是不回避，多和权威交流。**你可以尝试先从与自己关系不是那么直接的权威入手，比如其他部门的领导或课程的老师等。尝试去和权威接触，可以帮助我们看到权威的另一面，即他们也是普通人，也有喜怒哀乐，也有犯错误的时候。老板、领导、老师都只是一个角色而已，这样我们就更容易以平和的心态去看待对方。再面对他们时，就会比较容易，能轻松一些。

- 本节课后作业 -

找一个比较安静的地方，回忆一下最近一次面对权威感到紧张和恐惧时，你大脑中有什么样的想法。不管有什么样的想法，都要写下来，然后去分析一下这些想法中有哪些是合理的，有哪些是不合理的，不合理之处具体在哪里。

LESSON 17 第十七课

异性恐惧：怎么在异性面前保持自信从容？

- 本节课你将掌握 -

一、异性恐惧的原因

1. 自卑与过往经历

2. 对性有歪曲认识

二、克服异性恐惧的方法

1. 修正观念，重获自信

2. 改善身体意象

3. 系统脱敏法

异性恐惧的话题让我想起一个多年前的例子：他是一位大学生，长得挺帅气的，只是比较腼腆。在我们会谈刚开始时，他说自己最近睡眠不好，经常头晕，上课时注意力也不集中。在他说这些时，我感觉他话里有话。经过进一步的交流，他才说到自己真正的困扰，就是不敢去看女孩，尤其是长相比较漂亮的女孩。他还说自己有手淫的习惯，几乎每两天一次，总想控制，却控制不住。他为自己的手淫习惯感到羞愧，认为自己是一个道德品质有问题的人。在同学面前有一种抬不起头的感觉。见到自己心仪的女生，就会想到自己手淫的行为，似乎对方会看穿自己这个恶习。因此，看到女性就会很不安，走路时习惯性地低头。

这位男生的表现就是一种很典型的异性恐惧。异性恐惧也是社交恐惧的一种，但只针对和异性的交往。具体表现为既渴望接近异性，又在与异性的交流中感到局促不安，感到很恐惧。

有些人害怕与异性说话，甚至只要有异性在场，就会紧张。他们中有些人害怕的对象与其是普通关系，比如只是同学、同事甚至是陌生人；也有些人害怕的对象与其是情感关系，比如心仪的对象，或者相亲的对象。普通关系已经让人很难受了，如果因此影响了自己的爱情，就更让人痛苦。

那怎么在异性面前保持自信从容呢？**我们先来看看导致我们过分紧张的原因有哪些。**

首先，大部分有异性恐惧的人都不够自信，尤其是对自己的相貌和个人魅力不自信。比如，有的朋友说，他对自己的长相很自卑，只要有异性在，他就担心对方会看不起他，或者会背地里笑话他丑，哪怕也没想和对方发生什么。如果有很好看的同性在场，就更是嫉妒和自卑一起涌上来，感觉特别别扭，很想躲起来。还有的朋友说，与异性交往时，刚接触时彼此不了解，还能侃侃而谈，很幽默，但是关系深入之后，就害怕继续接触了，因为担心对方会发现自己其实没那么好，会对自己失望。

当一个人觉得自己不够有魅力时，在异性面前就常常会把这种担忧放大，导致浑身不自在，焦虑不安。这个时候，我们就会越来越关注自己的不足，而忽视自己的闪光点。在爱情中更是如此。张爱玲说过，爱一个人会卑微到尘埃里，然后开出一朵花。当我们陷入爱情中，不但会放大自己的不足，还会夸大对方好的地方，这样一来，就更觉得自己卑微、不够好，在对方面前自惭形秽。有些朋友甚至还不曾深入了解对方，就把对方想象得很完美，一直暗恋，不敢表白，或者确立了关系却不敢主动约会，其实都是在自己吓自己。

然而，你过于卑微，就开不出花来了。所以说，客观地看待自己，看到自己缺点的同时，也能大方地展现自己的优点，这在与异性交往中非常重要。

还有些朋友之所以有异性恐惧，是由于过往经历过创伤，比如有过失败的恋爱。这同样需要你学会客观地看待自己，同时客观地看待这段恋情，明白恋情的结束一定是双方的原因，并不代表你多么不好。

这一点我们不展开说了，我想讲一种比较特殊的情况，就是**有些人不敢接触异性，是因为头脑中对性有歪曲的认识。**

我们前面提到的那位大学生，就是由于自己对手淫的一种错误认识，即他认为手淫是道德败坏的表现，从而产生了一种罪恶感。

还有些人遇到很有魅力的异性，产生了想要接近对方的想法时，就会立刻批判自己，觉得自己不正经，有邪念。这种情况通常发生在处于青春期的孩子身上，但如果一直没得到处理，也可能持续很多年。

有这样一个女孩，她在上初中时，由于人长得比较漂亮，有男同学给她递纸条，纸条上写着：你真漂亮，我喜欢你。这事老师发现后，告诉了她的母亲。她母亲担心她年纪轻轻就谈上恋爱，就给她下了禁令，谁给她写纸条就告诉老师，并且不允许她与男生来往。她是一个比较听话的孩子，在中学阶段几乎就没有和男生讲过话。上了大学，她喜欢上了班里的一位男生，下课时会偷偷地关注对方。这让她很紧张，觉得自己的这种行为很不齿，但还是忍不住。她不知道该如何是好，就来找我咨询了。其实，这个女孩的问题就是和青春期的性意识发展受到抑制有关。

在我们的文化中，性是一个不能放到桌面上来谈论的话题，好像谈论与性相关的内容都带着一种龌龊的色彩。小时候，当我们对性产生好奇心，问这问那的时候，父母的回应通常遮遮掩掩，甚至严肃地指责我们，这些都让我们潜移默化地觉得，谈性是可耻的，甚至想都不能想。到了青春期，随着第二性征发育，会产生春情萌动的朦胧感觉，这时候的男女交往会让父母和老师非常紧张，父母和老师担心他们“早恋”，从而会采取一些过分严厉的行为来阻止他们之间正常的交往。

当然，大多数人在成年后就自然而然可以面对两性的话题了，哪怕依然不能很大方地谈论它，但至少不会影响自己的人际关系。但有些人会逐渐发展出问题，这些人大都来自家教过于严厉的家庭，或者本身就对自己的要求过于严苛。

在心理学中，精神分析大师弗洛伊德提出我们的人格中有三部分，分别是本我、自我和超我。本我，就是我们本能的部分，你可以理解为爱美之心人皆有之，或者异性相吸。对异性的青睐，甚至是性冲动，都属于本我。超我，就是我们的道德自我，它就像是一个圣人，对我们发号施令，跟我们讲这样不对，那样不道德。本我是我们与生俱来的，而超我来自教育和社会文化的影响。自我，可以理解成一个协调者，当本我和超我互相矛盾的时候，它就站出来协调它们。我们刚刚提到的这个女孩，中学阶段没让自己接触异性的情况，就是超我太过强大，强大到压抑了本能。而到了大学，性的欲望变得强烈，超我没有办法完全压抑住本我，性冲动就会表现出来，这时就会让自己感到焦虑不安。

如果你有这样的情况，那么你可以告诉自己，产生关于性的想法，是一件很正常的事，这没什么可耻的。如果这样想还是消除不了你的困扰，可能你的问题比较复杂，影响到你的内心深处。这时，我建议你去寻找心理咨询师的帮助。

分析过了原因，**我们聊一聊该怎么办。**

我们刚才说到，大部分有异性恐惧的人对自己的相貌和个人魅力不够自信。那**怎么让自己更加自信呢**？

这里请你思考一个问题：“你觉得具备了哪些特质，或者消灭了哪些缺点，才能做到自信从容呢？”如果是面对爱情，再问你一个问题：“你觉得你需要是什么样子，才能拥有幸福的爱情呢？”

这个问题，其实就是在自信和爱情前面附加了条件，帮助你想清楚，对你来说这个条件是什么。然后，建议你去观察一下身边的人，那些在异性面前侃侃而谈的人，都非常有趣吗？那些在帅哥面前大方得体的女生，都长得很美吗？那些在美女面前很受欢迎的男生，都特别有才华吗？也就是说，**审视一下你想要的这些条件，是真的那么必不可少，还只是锦上添花而已。**

你通常会发现，那些异性缘很好的人，其实也有一大堆毛病，但这并不影响他们受欢迎。那些恩爱的情侣或夫妻，也并不见得非常有魅力，可能各方面也都只是平平而已。当你觉得你不够好时，往往忘记了，萝卜白菜，各有所爱。你很在意的那些缺点，其实并没有那么严重，它之所以是你人际交往中的绊脚石，是你给自己设置了障碍，不敢朝前迈一步。

当我们不够自信时，我们可以选择去弥补自己的不足，但同时要明白，我们更需要的是展示自己的优点，不要因为不足而止步不前。除了修正观念，你还可以进行一些改善身体意象的工作。

所谓身体意象，就是你对自己身体的认知和评价，包括相貌、体格、体能等。不少人对自己外貌的评价不一定是恰当的。我有一个异性恐惧的来访者，长着单眼皮，她觉得单眼皮很难看，甚至认为别人看了会感到恶心。当一个人认同了自己真的不好，而且放大这种不好时，就不敢在异性面前去表现自己了。因此，如果你觉得自己颜值不够高，或者太胖、太矮，由此在异性面前很自卑，那么尝试做这样一些练习。

比如，以日常的表情拍一张照片，再假装很自信、假装自己很美拍一张照片。对比一下，你通常会发现第二张照片看起来确实比第一张更好看，更有魅力。像这个单眼皮的女孩，通过这样不同情形下的对比，发现自己的单眼皮也不难看了。

还有，你可以找一个没有人打扰的时间，照着镜子画自画像，如果画到某个地方特别有感觉，可以和它对话。比如："鼻子，你不够挺，我不喜欢你。"然后尝试着转化成接纳和关爱的态度对它说："鼻子，你长得不够挺，不过好像也还行，和别人比，还挺有特点的。"

这些练习可以帮你正视自己的身体。当你不能接纳自己时，在别人面前自然也会很别扭。想要自信从容，首先需要充分地爱自己，肯定自己。

最后，我再介绍一个方法，叫作系统脱敏法，也叫逐级暴露法。它是指面对害怕的情境，按自身的实际情况设置若干可以达到的小目标，然后循序渐进，最终适应这个情境。比如，你害怕和异性交往，不同的情境害怕程度不同。你可以按从低到高的程度，把这些情境列出来，并对害怕的程度做一个评分，以 0 分到 100 分计分，100 分代表非常害怕，0 分代表很平静、很放松。

在具体练习时，应该从低到高去锻炼，一般每次只执行一个任务，当你对这个情境不感到紧张和害怕了，或者害怕程度在 10 分以下，然后再执行下一个任务。要提醒大家的是，练习时感到紧张和害怕是正常的情况，不要为此停止。要循序渐进，反复去做。当自己有了进步，及时奖赏一下自己。

- 本节课后作业 -

按照最后介绍的逐级暴露法，对自己害怕的社交情境，根据实际情况从低到高列出不同的害怕等级，同时给这些等级打分。当然，你的害怕不仅限于异性恐惧。

PART Ⅳ

第四部分

持续提升社交自信

LESSON 18 第十八课

积极争取：怎么勇敢地提出不同意见并据理力争？

- 本节课你将掌握 -

一、端正面对冲突的态度

1. 尊重自己的权利

2. 冲突是无法消灭的

3. 冲突不一定都有害

二、积极争取的方法

1. 说话前先想清楚五点

2. 先恭维或肯定，再讲自己的意思

3. 就事论事，切忌人身攻击

4. 温和而坚定地拒绝

在人际交往中，我们常常会担心自己的言行惹别人不高兴，于是把自己伪装起来，用心讨好对方。但这样一来我们就会感到很紧张，也会感到不舒服，觉得人际交往太累了。

这种矛盾的体验几乎每个人都遇到过。比如，朋友找你帮忙，你虽然不太情愿，但又不好意思拒绝，就勉强答应。可是当你需要别人帮忙时，却觉得给别人添麻烦了，哪怕只是举手之劳，也不好意思开口。或者在外面消费的时候，你对商家的服务很不满意，但害怕起冲突，就安慰自己算了算了，不把怨言讲出来。此外，参加活动时，你虽然感觉特别没劲，但也不敢起身离开，因为害怕别人说你不礼貌。当与别人意见不一致时，你通常都选择附和别人，害怕如果太耿直会被别人讨厌。

类似这样的表现，都是因为害怕引发冲突，不敢真实地表达自己的意思，所以常常会觉得很累、很憋屈。

那怎样才能自信从容地表达自己的不同意见呢？

我们先来看一看冲突。当我们觉得冲突很可怕，人际关系的和谐比尊重我们自己的需要还重要时，我们就会选择隐忍。但如果我们能意识到，冲突其实没那么可怕，我们不需要为此过分压抑自己，那就能更轻松一些。

这里不得不提一提权利。在人际交往中，我们通常有以下这些权利：

- 向别人提出你的要求；
- 心安理得地拒绝；

- 表达自己的意见、情感和权利；
- 保持独立，不受别人干涉；
- 犯错；
- 改变自己的主意；
- 保护自己的隐私；
- 等等。

我们都懂自己拥有这些权利，但实际做的时候，常常会忘了自己有这些权利。比如犯错，如果有人问你："人会不会犯错？"你肯定毫不犹豫地说："当然会啊。"所以可以说，犯错就是我们的一项权利。但实际上，我们不敢表达不同的意见，就是担心自己说错话，是不允许自己犯错的表现。当你认识到自己完全可以说错话，那么表达不同意见的时候，顾虑就会少很多了。

还有，别人请你帮忙，不管是什么原因，你都可以拒绝，因为这是你的权利。有时候是因为你力所不能及，有时候是因为你的利益会受到损失，哪怕有时候没别的原因，你就是不想去做，你都有权利拒绝。

有一种被动性格的人，对于自己应有的权利不敢去表达。比如，找工作时对 HR 给出的薪资不满意，可是不敢提自己的期望薪资，于是表面上装出满意的样子，不再奋力争取。其实这是一种不尊重自己需要的表现，时间一长就会对公司产生不满，甚至会感到愤怒或沮丧。

你可能觉得，自己之所以不敢说，不过是害怕被拒绝、被反驳，或者害怕需要落空。如果能提高胜算，自然就有勇气说出来了。但我们需要明白，我们没办法左右别人的选择，不管我们怎么做，都不可能保证别人一定会按照我们期望的那样回应我们。也就是说，**冲突是很正常的，我们拒绝别人时，别人可能就是会不高兴，我们反驳别人的观点时，别人可能就是会觉得没面子，我们不能期望这个时候别人没有一丁点不开心。如果我们投鼠忌器，瞻前顾后，压抑自己的想法不敢说，这不是我们的能力出了问题，而是我们的期望出了问题。**

我们不可能消灭冲突，人际中的冲突总是存在的，不是在这件事上，就是在那件事上，不是在今天，就是在明天。你觉得隐忍一下就好了，但总有你忍不了的时候，你积压的委屈和愤怒就会爆发出来。所以，**我们需要做的，是学会和冲突相处，而不是处处怕事，总想着回避。**

其实冲突并不一定是有害的。我们害怕冲突，是因为担心自己被讨厌，但有时候冲突反而会让我们的关系更近。

因为它可以让我们直面需要解决的问题，而不是粉饰太平。它可以给我们机会，来澄清彼此的观点，相互理解。

心理学上有一个“沟通漏斗效应”。也就是说，对沟通者来说，如果你心里想的是 100% 的东西，当你向别人表达的时候，说出来的其实只有 80%。而当这 80% 的东西进入别人的耳朵时，由于文化水平、知识背景等很多因素的影响，别人可能只接收到了 60%。而最后，真正被别人理解和消化了的东西大概只有 40% 。

现实生活中，我们很容易忽略这种表达的“误差”。不管是亲友也好，还是同事也好，我们经常会发现这样的情况：有些事情你以为自己表达清楚了，但是对方却理解成了别的样子。有时候，说话语速过快，说话过于简短，或者用一些有歧义的词语，都会造成别人的误解。而这些问题，如果别人没指出来，或者我们自己缺少反思的意识，是很难发现的。

因此，充分地表达是很重要的，而冲突往往能促使我们充分地表达自己。既然如此，如果冲突还没发生，就因为害怕引发冲突而不敢说，就显得很不必要了。

当然，我们要避免某些有害的冲突，比如双方的行为过于激进、相互指责、迫使对方做不想做的事，或者以大欺小等。因此，**我们在表达的时候，需要以一种既尊重自己又尊重别人的方式。不光不让自己陷入被动，也不会攻击或操纵别人。**接下来，我们就分享一些方法。

首先，你在说话前要先想清楚以下五点。

第一，我需要的是什么？我为什么需要它？这反映了你的权利。第二，对方的状态怎么样？我提出来对对方公平吗？这反映了别人的权利。第三，现在的场合讲出来合适吗？如果现在不讲，还有更合适的机会吗？第四，我该怎么说才能清楚地表达我的意思？第五，保持头脑冷静，做好冒险的心理准备，也就是允许可能会出现的冲突。

举一个例子，你家楼下有一块空地，有一户邻居早上很早就在那儿打球，而且经常发出欢呼声，这些声音常常吵醒你，让你很不爽。那你先要敢于表达你的意见，不要委屈自己，吵着你了还不去说，这不是尊重自己、爱自己的表现。然后按照上面说的这五点来思考，做好说话前的心理准备。当你决定好了要说，先打好腹稿，这可以让你心中有数，增强自信心。

其次，说话的时候也要注意技巧，开场白很重要。如果先讲一些恭维或肯定的话，再讲自己的意思，对方更容易接受。

比如，你可以说："早上打球锻炼身体是一个很好的习惯，不过你们的声音很容易吵到别人。"在其他情况下也可以说："你说的观点非常好，但我认为还可以从另外一个角度来表达。"或者："这是一个好主意，但我想在这里可能不适用。"这种先肯定的说话方式会缓和你们之间的氛围，让对方明白你是在就事论事，而不是在攻击他。

再次，我们可以指责对方的某个行为或某种表现，但一定不要上升为对对方本身的批评或否定。你只需要讲事实，而且语言要尽量简明扼要。如果对方的态度很不友好，你也需要提醒自己，就事论事，否则只会激化矛盾。

很多人说话时很容易针对对方，让别人觉得很不爽，哪怕认为你说得对，也会和你吵起来。比如，"我觉得你说得不对""你这样做有点自私"等等。这也是我特别想提醒大家的一点。前文讲过，当我们面对否定的时候，要把自己整个人和自己的行为区分开，对待别人也应该这样。

最后，我们特别谈谈拒绝的问题。很多人对拒绝别人有误解，一是羞于拒绝别人，认为不礼貌、不尊重对方。二是害怕别人会不高兴，由此会讨厌自己。三是自己害怕被拒绝，所以把这种感受投射给对方。

要合理地拒绝别人，除了上面提到的要想清楚的五点，你还要问问自己：我是不是帮他的不二人选？

比如，你的一个朋友请你晚上去吃饭，而你明天有工作，今天还要再准备一下，因此感觉很为难。按照上面的几个问题去思考，首先，你要提醒自己有权利拒绝；其次，分析一下你如果不去对他的影响有没有那么大；再次，拒绝趁早最好，此时不说，临时再拒绝，可能会影响朋友的筹备；最后，你可以想一想补充的问题，如果你去不了，可以怎么弥补？比如，你发现他想让你去是因为有件事想顺便和你聊一聊，那么你可以提出第二天主动约他。这样“拒绝”就容易了许多。

当然，很多时候，自己的权利会与对方的权利相冲突。比如，你对这次晚宴真的很重要。那么你需要平衡一下，如果你去了的话，第二天的工作一定会受到影响，这时就要首先保护自己的权利。

心理学大师温尼科特说过：“心甘情愿地说‘好’，温和坚定地说‘不’。”当你拒绝对方时，不带有任何敌意，但态度一定要坚定。我们很多时候会感到愧疚，所以特别想找个有说服力的理由，但其实你既想拒绝对方，态度又不够坚定，才会让气氛僵起来。你不停地找理由，可能本意是希望对方谅解你，但这样做往往适得其反，对方会觉得你的每个理由都不充分，你是在找借口推托。所以，只需要一个理由，然后态度坚定就够了。

- 本节课后作业 -

回忆一下自己不敢提出不同意见的经历，然后用今天学到的，在一把空椅子面前练习表达。最关键的一点是，不要害怕冲突，要尊重自己的感受。

LESSON 19 第十九课

人际冲突：怎么淡定地面对批评和摩擦？

- 本节课你将掌握 -

一、如何战胜被批评时的恐惧

1. 正念觉察自己的想法

2. 区分对待不同的批评

二、如何机智地进行回应

1. 耐心地倾听

2. 区分对待的具体做法

3. 学会换位思考

我们在生活中面对他人的批评时，往往会感到紧张和害怕，甚至表现出不知所措。可是同样是面对批评，有一些人却能平静对待，面不改色。

那我们在面对批评时，怎么才能做到淡定从容呢？

首先要去觉察，当你受到批评时，你的情绪是什么？你的大脑会想到什么？你会采取什么样的方式去回应？

一般来说，对情绪和反应方式的觉察是比较容易的，但想要意识到大脑中闪过的想法却很难，而这部分恰恰是最重要的。**在人生的任何一刻，让你紧张或感到难过的关键点都不是别人，而是你自己。**换句话说，不管别人对你有多刻薄、多不公平，他们本质上都不能左右你的喜怒哀乐。你的情绪，不是来自他们怎么对你，而是你怎么看待他们对你的行为，以及你怎么定义你自己。

在被批评时，我们常常会听到一些很不友好的话，甚至会被人恶语相加。这时候，不同的人就会有不同的看法。举一个例子，假设你工作没按时完成，领导批评了你，那么你的情绪会怎样呢？

如果你首先想到的是“糟了，可能会被扣工资，或者丢掉这份工作”，那么你会感到紧张和害怕。如果你想“领导总喜欢批评我，对我不公平”，那么你会感到愤怒。如果你的想法是“我总是做不好，我是一个能力很差的人”，那么你会感到自卑或难过。

这就是心理学中有名的**情绪 ABC 理论**，决定我们情绪的不是这件事，而是你对这件事的看法。而这种看法往往是隐含的，需要我们去仔细觉察才能知道。

当你知道了这一点之后，想要管理自己的情绪，就要审视一下自己的想法，看看有没有不够合理的地方。前文讲到过，你可以问自己这些问题："我这样想有道理吗？""具体的依据是什么？""是不是夸大了呢？""有什么证据可以反驳这一点吗？"

比如，你可以想"工作没全部完成是事实，但对整个进度并没有太大影响，不一定会被扣工资""领导也有表扬自己的时候，他完全没道理要故意刁难自己""我是没完成任务，但这有很多客观原因，不代表我这个人不行""我现在做不好，不代表我以后也做不好"。

经常做这样的自我觉察，你再面对类似的批评时，心情就可以越来越平静了。我们前面介绍的正念训练就是提高觉察能力的一种方法，经常练习的朋友都感到收获很大。所以，你也不妨多多练习。

还有一点我们需要注意，就是当面对批评的时候，要区分对待，审视一下他们讲的事是公正的，还是不公正的，或者介于两者之间。简单讲，就是要学会去判断批评的性质。

建设性的批评，虽然会让你听起来不舒服，但会对你有很大的帮助，所谓"忠言逆耳"。这时候你就需要重视它的价值，把它看作一份礼物，心怀感激。比如，刚才那个例子，如果你是一个做事比较拖拉的人，那领导的批评就是一场及时雨，提醒你要改掉这个坏毛病。当你的心态更加开放时，反而会欢迎更多的人际冲突，**当面批评总好过表面和气。**

当然，有些人的批评是带有恶意的，他们也许出于嫉妒或控制欲，为了批评你而批评你，这种批评往往是不公正的。如果是这种情况，你要做的就是不用太在意对方的话。请你记住前面讲的情绪

ABC 理论，**如果你不在意，它们自然就不会伤害到你了。**保持冷静，有意地忽视，可能反而会得到对方的尊重。

你可能觉得这很难，经常忍不住想要还击，其实这涉及你究竟怎么看自己。比如，你不敢去做一件事，旁边的朋友说你怎么这么胆小，你立刻觉得很尴尬、很懊恼，解释说自己并不是胆小鬼。**这其实不是因为你不认同而去反驳，恰恰是因为你认同他们这个评价。**你本来就对自己不满，希望自己能更勇敢，所以才会对别人的评价这么敏感。反过来，如果你知道自己没那么勇敢，但是觉得这没什么，当别人这么说你，你可能微微一笑就过了，根本不会往心里去。这还涉及接纳自我，我们前面的很多练习，其实都是在学习更好地接纳自己。

此外，还有些批评是介于两者之间的，所以提醒自己“就事论事”就很重要。**我们要学会，即便对方不是完全在“就事论事”，我们也要保持客观思考，从中找到针对事情本身的建设性意见，而不是只关注对方对自己的攻击。**比如，老板火气很大地批评你：“你没有按计划完成这个工作，是工作不认真的表现，再这样的话，就不要干好了。”如果你把老板的批评理解为无端地指责你，就会感到愤怒或委屈，如果理解为老板是针对“没有完成任务”这件事来说的，并进一步讨论没有完成任务的原因，就会避免不必要的冲突和误会。

我们在生活中面对的大部分指责其实都属于第三种，也就是介于两者之间。所以就事论事的能力很重要。希望你可以在学完本节课后，再遇到别人讲了一些难听的话的情况，试着不被对方的语气语调惹恼，而是绕过这些形式，关注他的话里有哪些是对你有益的，或者哪些是无关你个人的。这样你就可以更淡定、更坦然地面对了。

接下来，我们分享一下怎么机智地进行回应。

通过刚刚讲的内容，我想你也深刻体会到了，耐心地倾听是很重要的。

很多时候，面对别人的批评，我们会很急。自我保护的本能会促使我们去争辩，跟对方说他的说法是不恰当的。但这样做常常会导致对方更强烈地攻击你。

相反地，如果你给对方足够的空间，耐着性子听他说，这样其实也是给自己足够的时间去觉察和整理思路。等对方讲完，你可以从容不迫地表达你的真实情况，这样可以更好地把握谈话的节奏，避免不必要的争吵和人身攻击，就事论事地解决问题。

前面提到别人的话总是既有些道理，又有些不够公正，那么区分对待就是，正面肯定你认同的部分，侧面回应你不认同的部分。

还拿老板批评你的例子来说，如果老板说："你这样的工作态度可不行。"你扪心自问，自己的态度很积极，虽然这次工作没完成，但不是工作态度的原因，就可以回应老板："很抱歉，这次没能按时完成工作。"然后趁机表达自己的观点，提出自己对这次失误做了哪些反思，可以怎么去优化工作的流程。这样对于你态度不好的评价就不攻自破了。

上面提到有些批评是合理的，是公正的，这时你可以心平气和

地接受。比如，某人说："你的穿着太邋遢了，难道不觉得丢脸吗？"你可以回答："是的，你说得很有道理，我应该穿得更得体些。"如果你能接受自己的缺点，对他人的评价不难受、不讨厌，你就能够自然地中止他人对你的言语攻击。

大家都有过这样的体会，当我们充满愤怒或紧张、害怕的时候，很难听得进去别人讲的东西。所以这个时候就需要先处理一下自己的情绪，我们前面介绍的深呼吸放松或暗示性放松，都是平静情绪的好方法。此外，你也可以暂时离开冲突的现场，比如上一下洗手间，或者去茶水间倒一杯开水。

还有重要的一点是，学会换位思考。我们在考虑问题的时候，多数都是站在自己的立场上。但每个人的视角和立场不同，如果站在我的角度不能说服你，那么可以尝试站到对方的位置上去看一看。比如，天气变凉了，你妈妈说你不注意身体，让你多穿件衣服，你认为没有必要，嫌妈妈多管闲事，为此两人吵了起来。其实，你妈妈只是表达一种关心，并不是要管你。如果你能够站在妈妈的角度来看，就不会讨厌妈妈的话了。很多时候，这样的换位思考可以很快拉近双方的心理距离，缓解对立情绪，你在其中也会感觉更自在。

在我们的生活中，安全感是我们的基本需要，因此我们渴望赞许、爱和支持，而本能地害怕被批评。但过于害怕批评，在人际关系中可能会耗费大量的精力去扮演"取悦者"的角色，这会让你感觉活得很累。如果你对批评的反应很强烈，最好寻求心理咨询师的帮助，深入探索你的内心。

- 本节课后作业 -

回忆你最近一次发生冲突或被批评的情况，如果重新发生，你将会如何应对？

LESSON 20 第二十课

突破瓶颈：反复和平原期，该如何找到突破口？

-本节课你将掌握-

一、怎样应对反复

二、怎样应对平原期

三、总结本书核心内容

通过对本书的学习，相信很多朋友都勇敢地跨出了社交的第一步，努力去运用课程中提到的各种方法，并且取得了很大的进步。但是，在这个过程中，有些人可能会发现自己的表现一时好一时坏，还有些人可能感觉自己取得了一定进步后，就原地踏步了。这时有的人就会想，这个方法到底有用吗？我到底能行吗？这节课，就来和大家聊聊这方面的话题。

先举一个例子，一位朋友刘伟有异性恐惧已经好几年了，我主要采用了正念训练和森田疗法来指导他。在辅导期间，他每天都留出时间做正念练习，常做的是正念呼吸。刚开始做的时候，他说自己的大脑经常会溜号，时不时出现各种杂念，不能很好地去注意自己的吸气和呼气。好在两周之后，他感觉注意力容易集中了，尤其是当那些“坏的”念头冒出来时，他能提醒自己用同情心去对待它们，把注意力引到自己的呼吸上。坚持练习后，他发现自己可以做到更好地专注于当下，很少去想未来还没发生的事情，觉得自己的焦虑感减轻了。

他认为自己最大的一个收获是，他对自己各种紧张和恐惧的症状，态度发生了很大改变。过去他对于症状一直是讨厌和排斥的态度，觉得要是自己不紧张、不恐惧，问题自然就没有了。训练中，他认识到焦虑和恐惧是人一种自然的情绪反应，并不是可以消除的。而当他以一种接纳和顺其自然的态度对待它时，他发现问题没有原先的那么糟糕，症状的程度在不知不觉中减轻了许多。

可是，刘伟后来和女生约会了一次，感觉好像一切又回到了原样。他在去见面的路上，想着要说的话，思考着可能会问到的问题，感觉很紧张，胸部发紧。当他站在女生面前的时候，熟悉的习惯性反应又出现了，他非常紧张，满头大汗，接着不能很好地觉察自己的情绪，也几乎不记得自己想说什么。因为紧张，回家的时候感到头很疼，不知道自己为什么又这样了，非常苦恼。

很显然，他的这种情况，就是出现了反复。反复是指，在一段时间的进步后，紧张或者回避的表现又严重起来。面对反复，你可能不知道是出于什么原因，像刘伟一样，绞尽脑汁去想为什么自己会这么紧张，怀疑自己之前的进步是不是只是假象而已，是不是自己做错了什么，由此感到很气馁，不知道接下来该怎么办。

其实，你要知道的是，**在改变的过程中，反复是很正常的事。我们不可能一下子就完全解决了过去的问题**。有时候表现好，有时候表现差，这是再正常不过的事了。我们要做的，是去接纳这种反复，用一种宽容的态度来对待它，而不是批评自己，觉得自己怎么这么差劲？自己为什么这么没用？

一般来说，在两种情况下容易出现反复。第一种情况，是即将面对一个新的挑战。就像刘伟要和女生约会，这对他来说是一件很重要的事，这种情况下他会更加在意自己的表现，变得格外敏感。类似的情境还有很多，比如找工作要去参加一个面试；荣升为一个部门的经理，你要面对更多的下属；由于工作安排，你要向更高级别的领导汇报工作；等等。

反复虽然让你感到不舒服，但也是让你成长的一个机会。它能让你知道自己哪些地方还需要进一步学习，让自己有机会再次回顾自己所学到的，起到一种巩固的作用。

就像刘伟的情况，他认识到自己表面上对于紧张和恐惧的症状能做到接纳，但心里还是有一种排斥，也就是在出现比较强烈的症状时还是想去消除。通过后来的进一步辅导，他重新温习了原来学过的方法，尤其是再次阅读第八课中提到的《客栈》那首诗，认识到不管有没有紧张的症状都顺其自然，才是一种真正的接纳。这次反复还让他每天更加用心地进行正念练习，正念成了他生活的一部分，比如每次等红灯，乘坐地铁，走在上班的路上，或者接听电话的时候。这样的练习让他把注意力放在当下的情境中。后来，他再次约会女朋友时，尽管还是有些紧张，但能很自然地和对方交谈，约会过程中也没有出现尴尬的局面。这让他很高兴，也为自己能成功处理反复的局面感到自豪，自信心增加了不少。

第二种情况，是某个消极的事件引发反复，比如丢了工作、失恋、被别人批评、搬到了一个陌生的地方工作等。比如，有个朋友，他的问题是不敢在人多的场合发言，经过训练已经有了很大进步。可是由于工作上的失误，他被公司辞退了。失去工作让他觉得很丢脸，在和同学或朋友聚会时，又变得退缩不敢发言了，而且怀疑自己没有办法克服社交恐惧了。

当我们遇到一些消极的事件时，就会增加不适感和痛苦，这会降低我们应对外在压力的能力。对很多人来说，也容易忘记原来学到的知识和方法，回到原来的习惯中，比如回避让自己不舒服的场合、用打游戏或看电视来消磨时间等。**还有一些人会重新陷入消极的思维模式，**刚才说的这位朋友就有这种情况，失去工作让他又陷入了原来的自我否定中，觉得自己很没用。

当他再次联系我时，我帮他再次看到，面对痛苦的体验，我们容易采取经验性的回避，但回避不但不能解决问题，反而是一种退缩。同时，带他温习学过的方法，让他认识到他对自己不合理的观念，也就是把失去工作这件事与自己这个人不行等同起来。他很快就重整旗鼓，表现好了很多。这次反复并没有让他气馁，反而让他更加自信了。

也许有些人面对反复的情况会打退堂鼓，会认为自己“又回到了原点”。其实这反映了一个人对自己有一个较高的期待，本质上已经有了很大的进步。因此，当你觉得自己退步了，或反复时，觉察发生这些变化的原因，重新去温习所学的方法并加以巩固，就能很快解决问题。

下面说说另外一种困扰，就是当自己取得了一定的进步后，感觉随后一段时间内停滞不前。发生这种情况，也许是因为你忙于其他事，忽视了对于社交恐惧问题的关注，放松了训练，比如停止了放松训练、正念练习；也许是因为你满意目前的进步，而没能一鼓作气，向更高的目标迈进。当然，还有其他一些情况，比如生活当中遇到了压力性事件，这些都可能导致你进入平原期。

我们看一个具体的例子。这位朋友是银行的一名职员，在窗口办理业务时，他特别害怕面对客户的催促。被催时就会很紧张，分神很厉害。通过心理咨询，他能做到不那么在意客户的催促。后来，因为工作出色，他被提升为部门经理。对于召集下属开会，他也能应付自如。可是三个月过去之后，他注意到自己的人际关系一直没有进展。具体是在要批评某些下属时不敢直接去表达，按他自己的话说“就是不敢得罪别人”，还有就是不敢拒绝别人，别人的要求办不到也会硬着头皮答应，搞得自己很被动。

我帮他分析后，发现主要原因是几个月前他谈了一个女朋友，因为要经常约会，就没有精力去顾及自己在职场中的社交问题了。当他意识到这个问题后，坚持抽出一些精力放在人际技巧的学习上，很快就有了改善。

所以应该说，**不管你是遇到反复，还是停滞不前，都应该将其看作前进道路上的一个正常情况。它给予了我们一个机会去审视自己存在的问题，去发现自己还没有做到位的地方，也督促自己去温习前面所学过的方法，让自己温故而知新。**

这本书的内容到这里就结束了，我们来总结一下已经学到的主要内容。

首先，请你经常性地进行正念练习，以此来提高自我的觉察能力，增强把注意力集中到当下的能力。

其次，请你明白，试图控制和逃避痛苦的情绪和症状，只会增加自己的痛苦，并让问题越来越难处理，请学会用一种接纳的态度去对待。

再次，我们在看待自己以及自己在社交中的表现时，可能会有歪曲的认知观念，要学习认知调节法调整不合理的观念。

最后，请你选择有价值的行为，按照行动计划循序渐进去尝试，让自己更加充实地生活，而不是习惯性地逃避。

- 本节课后作业 -

大家可以总结一下，自己有哪些收获？在实践过程中遇到了什么样的问题？

答疑课

下面是大家提出的一些问题，相信其中有一些也正在困扰你。我从中挑选最具有代表性的九个问题，来进行详细的解答。

第一个问题：我一紧张就结巴，说话不利索，有些词反复说，不知道下一句该说什么。

答：一紧张说话就有点结巴，这个很正常。我们大多数人紧张时，说话可能都会有点结巴。

如果你不把它当成问题，其实它就不会困扰你。所以我们在书中也讲到了，我们很多时候之所以感到紧张和焦虑，就是因为把自己的一些反应，比如脸红、心慌、出汗，也包括结巴，当作不正常来看待。正因为你有这样的想法，你很在意一定要克服结巴这种情况，才变得更紧张。

如果你不排斥，也不抗争，带着这种会有结巴的表现，去和别人交往。多次以后，这些反应自然就能缓解，甚至消失。

对于社交恐惧来说，我们在第一节课就讲到了，一个核心问题就是容易逃避，而逃避就会导致问题持续下去。如果不逃避，其实紧张也就紧张了，根本不会成为问题，但是一逃避，不是问题的反而就成了问题。当然要跨出第一步不容易，因为很多人已经逃避很长时间了，也就是说，他们的行为表现已经固化下来了。所以如果你经常懒得去见人，那么希望你还是能够早一点去改变。早一天改变，你的问题就早一天解决，你就可以早一天取得突破。当你勇敢地跨出第一步，你就会有第二步、第三步。

第二个问题：我在单位经常听到别人讨论各种话题，我很想加入，但是又担心说错话得罪人，所以不敢开口。

答：其实多数人在交往中总是会有一些顾虑，比如怕做错事，怕难堪，其实这就是一种自我防御、一种自我保护的本能。

在人际关系当中，我们不可能做到让所有人都喜欢我们。也就是说，不管你怎么表现，总是有人可能对你不够友好。所以，很多时候你说的一些话，别人到底会怎么反应，其实你是控制不了的。比如，你说的一句话，别人觉得不爱听，到底是你真的说得不得体，还是他自己理解成了别的什么意思呢？人与人之间的交流，就是一个互动的过程。当你能够从不同的视角来看待这个过程，你的问题就比较容易解决了。

第三个问题：从小我爸就对我很严厉，只要我出问题他就会大声批评我，所以我都不敢大声说话。虽然现在我长大了，但是一碰

到别人生气、与别人发生矛盾的情况，我就会不知所措，不知道该怎么做。

答：你能够对自己不敢大声说话的情况有一些觉察，这一点很好。确实是这样，如果小时候父母对我们很严厉，那会对我们产生很深的影响。可能你会不由自主地觉得，别人生气是不是因为你又做错了什么，这个时候你就会很紧张。那我们该怎么做呢？你要认识到小时候父母对你的批评留在了你的潜意识里，你现在的反应往往表达了儿童时代的你，因此你要学会用成年的你去对待他人的批评。这部分内容你可以结合第十六课来加深理解。

第四个问题：觉察自己的身体啊，思想啊，我觉得挺好的，但是觉察之后该做些什么来提升自己呢？

答：对身体的觉察，其实就是能够用一种正确的态度来看待它。我们很多时候不愿意接纳自己的焦虑、恐惧等负面情绪，而学会觉察可以帮助我们更好地去接纳。你不需要刻意做什么，只需要按照课程中讲的方法，能够看到它、认识它，允许它存在，这就够了。

那么，对观念的觉察有什么好处呢？我们在书中也讲到过，很多时候我们的社交恐惧来自我们把一些事情夸大了，有时是一种没有事实依据的主观臆断，但这些想法常常是自动发生的，你往往不会意识到。这个时候觉察自己的想法，其实就是帮你去看到你的观点到底是不是合理的，帮你看到你的想法有哪些非理性的部分。如果你能够更加理性地去看待人际交往中的一些表现，自然你的反应就会大不相同。

第五个问题：参加聚会时，敬酒的时候不敢敬，或者敬酒的时候不知道说什么，**老师讲到要接纳自己，可是我总觉得自己很失败，该怎么办？**

答：其实你能够去参加聚会就代表了一种成功。就像考试，有的人考 80 分也觉得自己很失败，但有的人考 60 分就觉得还不错。所以，你要清楚失败的标准是什么。像你不敢敬酒，但你还是去做了，那就已经很了不起了。至于要表现得更好，那是下一步的事情，但不能算作一种失败。你的这种心理，可能是一种完美主义心态，就是你只能看到自己不好的一面，而看不到好的一面。

有一个半杯水的例子。杯子里有半杯水，有些人会觉得只有半杯，要是装满了多好；还有的人觉得太好了，有半杯水。这是因为我们看待问题的视角不一样，我们自己的感觉就很不一样了。

说说我自己的情况，我就经常给自己打气。在我上中学的时候，大概是初三，因为那时候初三才开始学英语，所以英语一直是我的短板。在我学英语的时候，我不会想着我的英语怎么这么差，而是把英语的小册子放在衣服里面，有时间就看两眼。可能今天记住两个词，明天记住三个词，我就很开心，感觉很有收获，而不会去看那个册子里还有几千个单词是不会的。如果你觉得自己还有那么多不会，觉得自己记得太慢了，那可能就会很泄气。

所以如果别人敬酒的时候都很会说，而你说得不好，你就觉得自己是失败的，我觉得这对你是很不公平的。你可以在旁边听他们怎么说，这样就可以学到该怎么去更好地表达自己。况且，如果一个酒桌上每个人都能说会道，也不见得是好事，可能关系就失衡了。就像打篮球，有人负责投篮，有人负责运球，这样分工才是最好的，不然就乱套了。所以说，很多时候我们对自己的看法出了问题，如果调整一个视角，就会感觉自己还是蛮不错的。

第六个问题：这位朋友说，有时候听到同龄人生活很好，就会很自卑，恨自己为什么没能力，希望别人也能对自己刮目相看。因为缺乏自信，经常不敢和别人说话，觉得他们都很优秀。

答：我要问这位朋友一个问题，你觉得什么样的情况叫作过得好呢？有钱，有房子，还是有工作？我们说这点，是因为好都是相对的。很多人可能有很好的工作，收入很高，但你知道他们的痛苦是什么吗？对他们来说工作压力非常大，这个是很大的痛苦。我们很多时候，一看别人收入很高，就觉得自己很差，但他们一定过得很好吗？也并不见得，因为这意味着他同时也要承担更多的责任。很多人认为有稳定的工作很好，但这意味着受到的约束很多，没有稳定的工作，意味着有更多的自由。说这些，就是提醒这位朋友，要用一个更广的视角去看待问题。

就像爬楼梯，对很多不经常锻炼身体的人来说不是很容易。但是如果你在爬的时候想，爬了一层就少了一层，这样不知不觉就爬到了 16 层。但如果你在爬的时候，总是想怎么还有 15 层，上了一层，又想怎么还有 14 层，那就会觉得这件事很难。

所以你需要多去看看自己已经拥有的东西，看看自己是否足够珍惜自己。在这样的基础上，再去做一些尝试，可能就会更有助于你取得进步。

第七个问题：我感觉自己三天打鱼两天晒网，有时候一鼓作气能逼自己去和人打交道，但过几天就会退缩，要再给自己鼓劲才能继续去尝试，这样断断续续的，进步就不明显。

答：在我们训练和学习的过程中出现反复，或者有时进步不明显是很正常的，你不要由此感到气馁，或者批评自己，你要做的是更好地去觉察进步不明显的原因。其实从你的描述中就可以看到，你已经对于自己的状况有了一定的觉察，就是没有坚持去做。另外，不管出于什么状况，比如工作忙，或者有时候心情不是很好，都不要忘了练习和实践。我在书中反复强调大家要多去实践，在课后作业里也列了很多实践活动，其实目的就是希望大家能够真正去体验，理解吸收课程中讲的内容。有一句话叫“实践出真知”，有时候只听，可能只是头脑中明白了，只有尝试去做了，而且反复去做，才能有更多的收获。

第八个问题：我在每天做正念呼吸的时候很容易走神，我看到网上有一些音频，可不可以跟着音频去练习？是不是有了音频就更容易坚持？另外，我看到正念练习有很多种，比如身体扫描之类的，不知道该选择哪一种。

答：在做正念练习的时候有音频会更好，因为音频可以引导你去做。所以如果你做的时候容易走神，也建议你找一些音频来跟着做练习。当你很熟练了以后，就可以不用音频了。不用音频，反而可以更加认真，更加专注地去做。

那先做什么样的呢？正念呼吸是最基本的，所以建议你先做这个，它是所有正念练习的基础。当你呼吸非常顺畅，能做到深呼吸比较专注后，可以考虑穿插着做其他的练习。

第九个问题：每次到社交场合，或者与领导、同事交流的时候我都很紧张，脑子一片空白，不知所措，有时候我也会想到要接纳这种症状，但还是不知道怎么真的做到接纳。有时候就会通过转移注意力去注意其他的东西，虽然会好一点，但又感觉这是在逃避问题。

答：如果你在与人交往中会感到很紧张，转移一下注意力感觉会好一些。这对于刚开始练习的人来说，是可以采用的。你感觉自己好像在逃避，其实不管是逃避也好，不是逃避也好，态度是需要一致的，也就是说，要接纳这种情况，不管你是不是在逃避，都不要太在乎。这种不在乎的态度，其实就是一种接纳。所以我们对自己紧张的反应，比如心跳加快、出汗、脑子空白，都能顺其自然，不管有没有都能用一种无所谓的态度，这就是真正的接纳。不过，想要真正地理解接纳，还需要你在实践中不断去体会。

此外，我们任何情绪反应都不是持久的，过一会儿就会自行消退，所以当你能够接纳自己的状态时，往往过一会儿自然就不紧张了。如果你通过很多练习，还是很难减少紧张的反应，那就需要剖析一下你的认知，也就是觉察一下你大脑中有哪些想法，然后做一些调节。也就是说，有可能你的想法有不合理的地方，比如对自己有一些绝对化的要求，或者有一些非黑即白的想法。你需要把这些想法修正过来，这样才能减少不必要的紧张。

希望我解答到了你们心里的困惑。任何改变都不容易，希望伴随着本书，你们已经迈出了第一步，接下来请勇敢地去坚持，相信你们会离自己想要的状态越来越近。祝福大家！

图书在版编目（CIP）数据

如何靠自己摆脱社交恐惧 / 施承孙著 . —北京：中国法制出版社，2020.5

（总会变好的）

ISBN 978-7-5216-0940-0

Ⅰ．①如… Ⅱ．①施… Ⅲ．①心理交往－通俗读物 Ⅳ．① C912.11-49

中国版本图书馆 CIP 数据核字（2020）第 037195 号

策划编辑 / 责任编辑：陈晓冉（chenxiaoran 2003@126.com） 封面设计：汪要军

如何靠自己摆脱社交恐惧

RUHE KAO ZIJI BAITUO SHEJIAO KONGJU

著者 / 施承孙

经销 / 新华书店

印刷 / 三河市国英印务有限公司

开本 / 880 毫米 ×1230 毫米 32 开 印张 / 5.5 字数 / 112 千

版次 / 2020 年 5 月第 1 版 2020 年 5 月第 1 次印刷

中国法制出版社出版

书号 ISBN 978-7-5216-0940-0 定价：29.80 元

北京西单横二条 2 号 邮政编码 100031 传真：010-66031119

网址：http://www.zgfzs.com **编辑部电话：010-66071900**

市场营销部电话：010-66033393 **邮购部电话：010-66033288**

（如有印装质量问题，请与本社印务部联系调换。电话：010-66032926）